MARABOUT *PRATIQUES*

Afin de vous informer de toutes ses publications, **marabout** édite des catalogues régulièrement mis à jour. Vous pouvez les obtenir gracieusement auprès de votre libraire habituel.

Cynthia WHITHAM

Comment gagner la guerre des pleurnicheries et autres jérémiades

Traduit de l'américain
par Alain Bories

MARABOUT

Les illustrations sont de **Barry Wetmore**.

Original title : *Win the whining war & other shirmishes*.

SOMMAIRE

REMERCIEMENTS

Je dois beaucoup à l'Institut neuro-psychiatrique de l'université de Californie à Los Angeles et à son programme de formation des parents, que des centaines de familles consultent chaque année. Ce programme fut créé en 1974 par Hans Miller et il est dirigé depuis 1983 par Fred Frankel : tous les deux sont titulaires de diplômes de troisième cycle dans leur domaine. La philosophie et les techniques de ce programme sont fondées sur les recherches de Gerald Patterson, Rex Forehand, K. Daniel O'Leary et Fred Frankel notamment. Je souhaite remercier Fred Frankel de façon toute particulière pour ses conseils éclairés et sa perspicacité sans faille.

J'ai eu mon premier contact avec ce programme juste après mon diplôme, en qualité d'assistante sociale stagiaire ; j'ai vite trouvé ces techniques indispensables dans le cadre de mon travail auprès d'adolescentes déjà mamans et à mon cabinet personnel. En 1986, j'ai réintégré le programme de formation des parents en qualité de thérapeute, afin de conseiller des parents et d'encadrer d'autres spécialistes, pédopsychiatres et assistants sociaux. J'ai constaté l'efficacité de ces techniques pour résoudre les conflits et apaiser les tensions au sein de familles souffrant de difficultés graves : j'ai souhaité faire part de cette expérience à autant de familles que possible.

Dans ce livre, j'ai adapté les concepts et les

méthodes cliniquement efficaces utilisées dans le cadre du programme de formation des parents. De toute évidence, la lecture d'un livre de pédagogie ne remplace pas des semaines de travail en tête à tête avec un thérapeute : j'espère néanmoins que mes lecteurs trouveront ces méthodes aussi efficaces que moi.

Je remercie toutes les familles qui, parmi mes clients, ont partagé mes besoins et mes soucis.

Je remercie mon éditeur, Linda Goodman Pillsbury, pour les encouragements, l'enthousiasme et la patience qu'elle m'a prodigués pendant tout le projet.

Je remercie mon mari, Geary McLeod, pour son amour et son soutien.

Enfin, nos deux enfants, Miranda et Kyle, ont été pour moi une source continuelle d'inspiration : qu'ils en soient ici tous les deux remerciés.

Cynthia Whitham

INTRODUCTION

Est-ce que les jérémiades, les caprices, les insolences, les gros mots ou les bouderies de vos enfants vous rendent fou ? Vous n'êtes pas le seul.

Nos enfants nous interrompent alors que nous sommes au téléphone, font des caprices dans les grandes surfaces pour obtenir je ne sais quel jouet stupide, lambinent quand on les habille et se permettent même de nous défier avec des gracieusetés du genre : *« Et pourquoi faut-il que je le fasse ? »* ou bien *« Qui c'est qui l'a dit ? »* Ils insistent de la façon la plus catégorique pour commander tel ou tel plat et refusent de le manger sous prétexte qu'il est trop cuit, trop cru, trop gras, trop sec, que sais-je encore ? Le grand frère taquine sa petite sœur jusqu'à ce que celle-ci se mette à hurler et jamais, au grand jamais, il ne ramasserait un pyjama qu'il vient de quitter.

Vous avez peut-être désiré des enfants, mais vous n'avez jamais désiré y laisser votre santé mentale. Je considère que les parents ont droit à des levers paisibles et à des couchers sans larmes, ils ont besoin d'être tranquilles de temps en temps et de faire des courses sans tracas particulier. Dans ce livre, vous apprendrez des méthodes pour avoir enfin la paix et pour convaincre vos enfants d'être compréhensifs. Ces techniques ont été utilisées de façon efficace par des milliers de familles qui se sont inscrites au programme de formation des parents à l'Institut neuro-psychiatrique de l'université de Californie à Los Angeles : c'est là que je travaille en qualité de thérapeute.

Vous apprendrez à encourager les comportements que vous jugez positifs, à limiter les comportements que vous jugez négatifs et à éliminer les comportements intolérables. Vous saurez comment résoudre pratiquement tous vos problèmes éducatifs. Plus jamais vous ne vous poserez la question : « Est-ce que j'éduque mon enfant comme il le faut ? »

Ce livre sera également profitable pour vos enfants. Nul n'apprécie un enfant mal élevé, geignard, grossier ou odieux. Votre enfant se sentira par conséquent mieux dans sa peau si vous lui assignez, de façon juste et persévérante, des bornes raisonnables.

C'est grâce à vous que votre enfant peut changer. Étant donné l'importance que vous avez à ses yeux, votre pouvoir pour modifier son comportement est immense. L'attention que vous lui accordez conditionne la mise en place de comportements souhaitables et l'élimination de toute autre conduite.

Dans ce livre, vous apprendrez comment débarrasser votre enfant de ses habitudes agaçantes en modifiant la façon dont vous réagissez par rapport à celles-ci. Une fois que vous maîtriserez parfaitement ces techniques et les appliquerez quotidiennement, l'attitude de votre enfant va changer. Il deviendra plus souple. Ses levers et ses couchers se dérouleront sans histoires. Les occasions de conflits s'espaceront. Toute votre famille se sentira mieux*.

---

* A l'occasion de traumatismes majeurs (divorce, décès ou déménagement) ou encore si les techniques décrites dans ce livre ne suffisent pas à éradiquer des comportements indésirables chez votre enfant, envisagez une psychothérapie pour lui ou d'autres membres de votre famille.

C'est à vous de changer votre enfant.

Vous pouvez reprendre la situation en main.

Vous pouvez gagner la guerre des pleurnicheries et autres jérémiades.

PREMIÈRE ÉTAPE :

PAR OÙ COMMENCER

Cette section explique comment utiliser ce livre. Les trois petits chapitres suivants exposent les idées fortes et le cadre grâce auxquels vous pourrez rendre votre enfant plus souple et réduire les occasions de conflits.

Comment gagner la guerre
des pleurnicheries et autres jérémiades
Comment gagner
la guerre des
pleurnicheries
et autres jérémiades

1.

Comment se servir de ce livre

Voici une méthode progressive pour assouplir les relations avec les enfants âgés de deux à douze ans et réduire les sources de conflits avec eux. Chaque étape prépare la suivante.

Au cours de cette première étape, nous verrons des règles de conduite générale qui peuvent s'appliquer à la plupart des situations difficiles. Triez les comportements de votre enfant en trois catégories : ceux que vous aimez, ceux que vous n'aimez pas et ceux que vous jugez intolérables. Pour chaque type de comportement de votre enfant, vous appliquerez une technique différente.

Au cours de la deuxième étape, vous apprendrez comment accorder à votre enfant une attention bienveillante susceptible d'encourager les comportements que vous appréciez.

Au cours de la troisième étape, vous apprendrez à détourner volontairement votre attention de façon à diminuer la fréquence des comportements que vous n'aimez pas.

Au cours de la quatrième étape, vous apprendrez à stimuler la bonne volonté de votre enfant par des méthodes simples qui le conduiront à faire ce que vous désirez.

Au cours de la cinquième étape, vous apprendrez à assigner fermement de justes limites à votre enfant toutes les fois où son comportement devient dangereux ou intolérable.

En fin de livre, vous trouverez des plans de bataille : des règles de conduite claires et simples, pour répondre aux comportements exaspérants les plus courants, par exemple les jérémiades, les caprices, les insolences, les coupures de parole, les laisser-aller, les gros mots et les disputes.

Lisez une étape à la fois, réfléchissez sur chaque technique, faites les travaux pratiques. Appliquez la méthode à votre enfant : une fois un outil maîtrisé, passez au suivant.

Vous serez peut-être tenté de sauter directement à la cinquième partie (qui traite des méthodes autoritaires) ou aux plans de bataille. Je vous conjure de n'en rien faire. Chaque compétence expliquée dans ce livre demande, pour être appliquée, de connaître la précédente. Par exemple, vous ne pourrez jamais vous appliquer à ignorer les comportements désagréables de votre enfant si vous n'avez pas pris l'habitude de le féliciter pour chaque effort qu'il fournit. De même, pour fixer de façon efficace des limites à ses excès, vous devez être passé maître dans l'art d'ignorer les écarts de conduite mineurs. Avant d'affronter les bêtises les plus énormes de votre enfant, vous devez avoir appris à utiliser tous les outils décrits dans ce livre.

J'ai constaté dans mon cabinet une chose importante : mes clients qui utilisent ces techniques de façon habituelle constatent chez leurs enfants des modifications de comportement. Les travaux pratiques que je vous propose de faire auront le même effet. Certains d'entre vous se feront peut-être une idée claire de ces outils dès la première lecture ; d'autres n'auront pas l'énergie ou le temps de faire par écrit les exercices proposés. D'autres enfin trouveront peut-être plus commode de prendre un moment, en fin de journée, pour parler avec leur conjoint du comportement de l'enfant, en utilisant mes travaux pratiques comme ordre du jour. Mais souvenez-vous : mes méthodes ne sont efficaces que si on les applique avec persévérance. Si vous ne constatez pas de changement chez votre enfant, revenez sur chacun des travaux pratiques et entraînez-vous.

Il pourrait être judicieux de garder à portée de la main un carnet et un crayon ; bien des parents ont jugé utile de prendre des notes et, d'ailleurs, les travaux pratiques demandent de noter les comportements de votre enfant.

Toutes ces techniques sont simples, mais elles exigent un certain effort et du temps. Quand vous commencerez à les utiliser, débrouillez-vous pour vous libérer davantage. Commencez à organiser le coucher de l'enfant un quart d'heure plus tôt que d'habitude. Levez-vous vingt minutes plus tôt si vous désirez améliorer le comportement de l'enfant au moment de son lever ; si vous conduisez à l'école une bande de chenapans déchaînés dans votre voiture, prévoyez de partir avec dix minutes d'avance si vous avez l'intention d'appliquer mes méthodes. Une fois que le comportement des enfants s'améliore, vous pouvez revenir à des horaires normaux.

Il est impératif que tous les adultes de la famille lisent ce livre et fassent les travaux pratiques. Si d'autres personnes (grands-parents, baby-sitter ou autre) partagent avec vous la charge de l'enfant, vous serez plus efficaces si vous travaillez en équipe.

Gardez à portée de la main un livre parlant du développement de l'enfant. Parmi les bons auteurs, il faut citer Arnold Gesell, Frances Ilg, T. Berry Brazelton et Burton L. White. Lisez les chapitres concernant l'âge de votre enfant ; lisez également les chapitres sur l'âge précédent et sur l'âge suivant. Faites-vous une idée de ce qui est « normal » sur le plan affectif, relationnel, intellectuel et physique. A chaque âge ses difficultés (et ses délices) propres. Vous vous sentirez moins seul une fois que vous saurez combien de parents partagent vos soucis.

RÉSUMÉ

- Lisez ce livre.
- Utilisez les techniques.
- Développez les comportements que vous appréciez.
- Réduisez les comportements que vous déplorez.
- Fixez fermement des limites aux comportements inadmissibles.
- Motivez l'enfant.
- Félicitez-le pour ses efforts.
- Gagnez la guerre des pleurnicheries et autres jérémiades.

BALZAC

2. L'attention change les comportements

Tous, nous avons besoin d'attention et de considération.

Imaginez que vous préparez un repas pour votre famille ; vous posez le plat sur la table et c'est le silence : pas de *« Merci ! »*, pas de *« Ouah, ça sent bon ! »* Vous vous voyez faire des heures supplémentaires sans un mot encourageant de votre patron ? Vous vous voyez donner un coup de main à votre voisin sans la moindre expression de reconnaissance ? Une journée au cours de laquelle nos efforts sont ignorés par notre conjoint, nos voisins et nos collègues de travail a quelque chose de sinistre.

Les enfants aussi ont besoin d'attention et de considération. Avec eux, on a parfois l'impression de se trouver devant le tonneau des Danaïdes : impossible de les satisfaire ! Ne vous attendez pas à ce qu'un enfant, tout à coup, ait reçu suffisamment d'attention de votre part et ne vous en demande pas davantage. Ce besoin d'attention (de la part des adultes) est le levier sur lequel vous pouvez peser afin d'encourager les comportements que vous aimez et décourager ceux que vous réprouvez.

Parfois, il semble même que l'enfant préfère attirer

votre attention en se montrant insupportable plutôt qu'en faisant des efforts pour bien se conduire. En fait, il n'a pas le choix : s'il préfère faire des bêtises plutôt qu'être sage, c'est peut-être parce que la façon la plus efficace d'attirer votre attention, c'est de désobéir.

Nous sommes tous très occupés ; nous ne pouvons pas toujours nous rappeler — ni trouver le temps — d'accorder une attention suffisante à l'histoire qu'il a envie de nous raconter, à la punaise qu'il a trouvée dans l'herbe ou au jeu de mots exécrable qu'il s'amuse à répéter inlassablement. Quand nos enfants exécutent sans mot dire les corvées que nous leur imposons ou jouent ensemble gentiment sans se chamailler, nous ne disons rien de crainte de rompre l'équilibre. Il ne nous vient pas à l'esprit d'interrompre un enfant qui lit ou qui joue au solitaire pour le féliciter. En revanche, s'il persécute son petit frère, fait rebondir une balle contre le plafond ou dit des gros mots, nous nous précipitons pour lui faire la leçon ou le punir. Chaque fois que nous accordons davantage d'attention à la mauvaise conduite qu'à la bonne, nous encourageons nos enfants à rechercher une punition (qui est une forme d'attention) au lieu de nos félicitations (autre forme d'attention).

Il est possible de modifier cet équilibre ! En accordant à telle ou telle bonne conduite une attention positive, nous encourageons notre enfant à l'adopter plus fréquemment. Plus l'enfant est l'objet d'attention positive, moins il sera tenté (et aura besoin) de rechercher des punitions.

Prenons par exemple un comportement que vous appréciez : votre fils de cinq ans joue gentiment avec un copain. Ils jouent chacun à leur tour, respectent les règles, gagnent et perdent de bonne grâce. Vous avez là une bonne occasion d'utiliser le levier de votre attention pour développer cette heureuse conduite. Vous pouvez dire par exemple : *« Je vous entendais jouer, tous les deux. Jojo, j'ai bien aimé la façon dont tu as laissé Marc commencer. Et toi, Marc, tu n'as pas fait d'histoire quand tu as perdu la partie : ce n'était pas facile, mais tu as très bien fait. »*

Les félicitations que vous décernez à Marc et à Jojo, c'est cela l'attention positive. En marquant le coup, vous renforcez les bons comportements. Votre enfant, toujours désireux d'obtenir votre attention positive, se comportera ainsi plus fréquemment.

A contrario, tout comme vous augmentez la fréquence des comportements que vous aimez en accordant à l'enfant une attention positive, vous diminuerez la fréquence des comportements détestables en ne leur accordant aucune attention.

Supposons qu'un beau jour, vous entendiez Jojo menacer Marc : *« Je ne serai plus ton meilleur copain ! »* Si vous vous écoutiez, vous bondiriez dehors pour voir ce qui se passe, peut-être ne pourriez-vous vous empêcher de dire à Jojo combien vous êtes déçu de l'entendre dire une chose pareille à Marc (qui, en fait, est bel et bien son meilleur copain). Vous grillez de faire un cours sur la grandeur et les servitudes de l'amitié. D'ailleurs, vous sentez que Jojo vous regarde : il est sûr que vous êtes en train de lui faire les gros yeux. Mais, cette fois-ci, abstenez-vous et laissez les enfants se débrouiller. Bientôt, ils jouent de nouveau gentiment, ils se passent fort bien de vos sermons ! A vous maintenant de les féliciter pour avoir réglé leurs différends.

Quand vous détournez d'eux votre attention, vous supprimez la force qui enchaîne l'enfant à un comportement donné. En supprimant la récompense que représente votre attention, vous diminuez l'attrait pour l'enfant de tel ou tel comportement.

☞ EXERCICE
Accordez-lui un peu d'attention

Essayez.

Qu'est-ce que votre enfant est en train de faire maintenant ? Quelque chose que vous aimez ?

(Comme vous êtes en train de lire, peut-être dort-il...)

Si votre enfant est en train de faire quelque chose que vous n'aimez pas, attendez. Dès qu'il commencera à faire quelque chose que vous aimez, posez ce livre. Accordez-lui un peu d'attention : souriez-lui, tapotez-lui la tête ou l'épaule, montrez un peu d'intérêt pour son jeu, son émission de télévision, son livre : bref, ce qui l'absorbe en ce moment.

Que se passe-t-il ? Comment réagit-il ?

Est-ce qu'il a eu l'air d'aimer ça ?

S'est-il montré surpris ?

Et vous ? Vous avez aimé ?

Cela vous a semblé nouveau ou bizarre ?

Ce n'est pas tellement difficile, n'est-ce pas ? Plus vous accordez d'attention positive à l'enfant, mieux vont les choses.

RÉSUMÉ

- Les enfants ont besoin d'attention et de considération de la part de leurs parents.
- Les parents peuvent utiliser le levier de cette attention pour modifier et guider le comportement de l'enfant.
- L'attention positive (encouragements, félicitations) tend à renforcer les comportements que vous appréciez.
- En ignorant (refus d'attention) un comportement que vous réprouvez, vous tendez à en diminuer la fréquence.

3.

Un premier pas vers le changement

Je vous ai promis un cadre pouvant s'appliquer à pratiquement toutes les situations difficiles. Commencez par diviser le comportement de votre enfant en trois catégories :

1. les comportements que vous appréciez et que vous aimeriez encourager ;

2. les comportements que vous n'aimez pas et que vous cherchez à décourager ;

3. les comportements que vous trouvez intolérables et auxquels vous souhaitez mettre fin.

Ce tri représente, face à toutes les situations, une première étape car il vous aidera à savoir s'il s'agit d'un comportement que vous aimez (ou si ce comportement comprend certains éléments que vous aimez), si c'est un comportement que vous réprouvez ou que vous trouvez intolérable. Pour chaque type de conduite, vous appliquerez une conduite pédagogique différente.

En triant les comportements de votre enfant, vous prenez du recul ; vous jetez sur votre enfant un regard plus positif, vous remarquez les petits efforts et les petits succès que tant de parents considèrent comme normaux.

Ce tri vous aide également à faire le départ entre des comportements que vous réprouvez et d'autres que vous jugez inadmissibles. La différence peut vous sembler subtile, mais les outils à mettre en jeu sont totalement différents.

Les **comportements que vous appréciez**, vous apprendrez à leur accorder une attention positive, c'est-à-dire des félicitations. Les comportements que vous réprouvez, vous apprendrez à vous en désintéresser, à les ignorer. Quant aux comportements intolérables, vous apprendrez à assigner fermement à votre enfant des bornes réalistes.

Dans la liste des comportements que vous désirez encourager ne doivent pas uniquement figurer des succès retentissants, comme un bulletin de notes ne comportant que des 20/20 ou le fait de faire la vaisselle sans y avoir été « invité ». Notez même de petites choses :

- Votre enfant de quatre ans consent à se brosser les dents sans faire d'histoire.
- Votre enfant de douze ans sort la poubelle sans maugréer.
- Votre enfant de huit ans commence (je n'ai pas dit « finit ») ses devoirs sans que vous les lui ayez rappelés.

Ou encore :
- Dire merci quand on lui donne quelque chose.
- Regarder des deux côtés avant de traverser la rue.
- Commencer à s'habiller (c'est-à-dire enlever son pyjama).
- Raconter comment s'est passé tel cours à l'école.
- Obéir à une demande de votre part.
- Commencer à obéir à une demande de votre part.

- Aller dans une grande surface sans demander des bonbons.
- Lire.
- Jouer tranquillement pendant cinq minutes avec son frère ou sa sœur.
- Éteindre la télévision de lui-même.
- Venir vous montrer une coccinelle.
- Vous laisser parler tranquillement au téléphone.
- Prêter un jouet à un ami.
- Dire *« Excusez-moi »* au lieu de couper la parole.
- Dire la vérité.
- Mettre le couvert ou débarrasser la table.
- Mettre ses chaussures tout seul.
- S'éveiller de bonne humeur.
- Parler sans hurler.
- Laisser ses parents se brosser les dents ou les cheveux.
- Donner un coup de main à la maison ou dans le jardin.
- Jouer seul.
- Faire une partie de ses devoirs proprement et correctement.
- Tapoter le bébé sans brutalité.
- Jouer au lego au lieu de regarder la télévision.
- Exprimer sa colère avec des mots et non pas avec des coups.
- Venir quand on l'appelle.
- Accrocher à sa place son blouson, son sac à dos.
- Venir vous embrasser ou vous serrer dans ses bras.

Dans la catégorie des **comportements que vous réprouvez**, dont vous aimeriez voir diminuer la fréquence, entrent tous ceux qui vous agacent, vous irritent ou vous exaspèrent. Je ne parle pas de délits, de crimes ou de conduites dangereuses. Peut-être qu'à la longue, telle ou telle bêtise mineure vous semblera intolérable à cause de sa fréquence ou de son intensité mais, tant que cela ne cause pas de danger à quiconque, faites entrer ce comportement dans la catégorie numéro 2. On pourrait citer :

- Traînasser.
- Se chamailler avec ses frères et sœurs.
- Se plaindre.
- Répondre.
- Dire des gros mots.
- Contester.
- Ignorer vos demandes de faire telle ou telle corvée.
- Ne pas faire ses devoirs.
- Chahuter en voiture.
- Injurier les gens.
- Dire *« Je vous hais »*.
- Taquiner de façon exaspérante.
- Couper la parole.
- Bouder.
- Faire un caprice.
- Cafarder.
- Refuser de s'habiller.
- Bousculer les gens.
- Laisser ses habits par terre.

Les **comportements intolérables** sont ceux qui représentent un danger, réel ou potentiel, pour les personnes, les biens ou les animaux domestiques. La liste en est courte. Voici quelques exemples :

- Traverser la rue en courant.
- Blesser un autre enfant.
- Cracher (ce n'est pas dangereux mais quand même…).
- Mordre.

- Jouer avec un couteau.
- Enfreindre les règles de sécurité en vigueur dans la famille.
- Faire preuve de cruauté ou de sadisme.

☞ EXERCICE
Trier les comportements

Prenez votre carnet et divisez une page en trois colonnes portant les titres suivants :

Comportements que j'aime et désire encourager	Comportements que je réprouve et désire décourager	Comportements intolérables que je désire supprimer

Dans chacune de ces catégories, citez quatre ou cinq exemples tirés du comportement habituel de votre enfant.

Les exemples que vous choisirez doivent répondre à une définition précise : ce sont des comportements que vous pouvez voir ou entendre. Il est indispensable de se montrer précis dans toute communication avec un enfant. En utilisant cette définition, vous apprendrez à faire preuve de précision. Par exemple :

Au lieu d'écrire, être plus poli ;
écrire plutôt : dire *« S'il vous plaît »* et *« Merci »* à table.

Votre page de carnet devrait donc ressembler à quelque chose comme cela :

Comportements que j'aime et désire encourager	Comportements que je réprouve et désire décourager	Comportements intolérables que je désire supprimer
s'habiller	se plaindre	frapper son petit frère
nourrir les chats	se ronger les ongles	faire du vélo dans la rue
dire merci	se chamailler avec son frère	quitter la maison sans permission
partager	répondre	
aider pour la vaisselle	injurier	

Gardez votre carnet à portée de la main. Un jour ou deux après avoir fait votre exercice, ajoutez quelques lignes à votre liste. S'il ne vous vient à l'esprit que quelques rares exemples, prévoyez de sacrifier une matinée ou une soirée à l'observation de votre enfant afin d'inscrire davantage d'exemples sur votre carnet. Chaque fois qu'un nouvel exemple vous vient à l'esprit, ajoutez-le à votre liste dans la colonne correspondante.

Si vous n'avez pas le temps de coucher tout cela par écrit, commencez au moins à observer d'un œil neuf les actes de votre enfant. Et jugez : est-ce là un comportement que j'aime et désire encourager ? que je déteste et désire décourager ? que je trouve inadmissible ?

RÉSUMÉ

Commencez à observer les comportements de votre enfant et, plus précisément, les actes que vous pouvez voir ou entendre — et triez-les en trois catégories :
— les comportements que vous aimez,
— les comportements que vous n'aimez pas,
— les comportements intolérables.

Après trois ou quatre jours d'entraînement à ce tri, vous serez prêt à apprendre différentes techniques pour :
— augmenter la fréquence des comportements désirables ;
— diminuer la fréquence des comportements détestables ;
— supprimer les comportements intolérables.

DEUXIÈME ÉTAPE :

ENCOURAGER LES COMPORTEMENTS POSITIFS

Au cours de cette étape, vous apprendrez à utiliser cet outil efficace qu'est votre attention (encouragements et félicitations) pour augmenter chez votre enfant la fréquence des comportements que vous aimez et appréciez. Vous apprendrez quand il faut le féliciter ; vous développerez l'art de prodiguer des encouragements jusqu'à en faire une habitude quotidienne. Le concept de louange est simple mais il n'est pas toujours facile à appliquer au quotidien. Cependant, les profits qu'en tirera votre famille valent la peine de s'y investir.

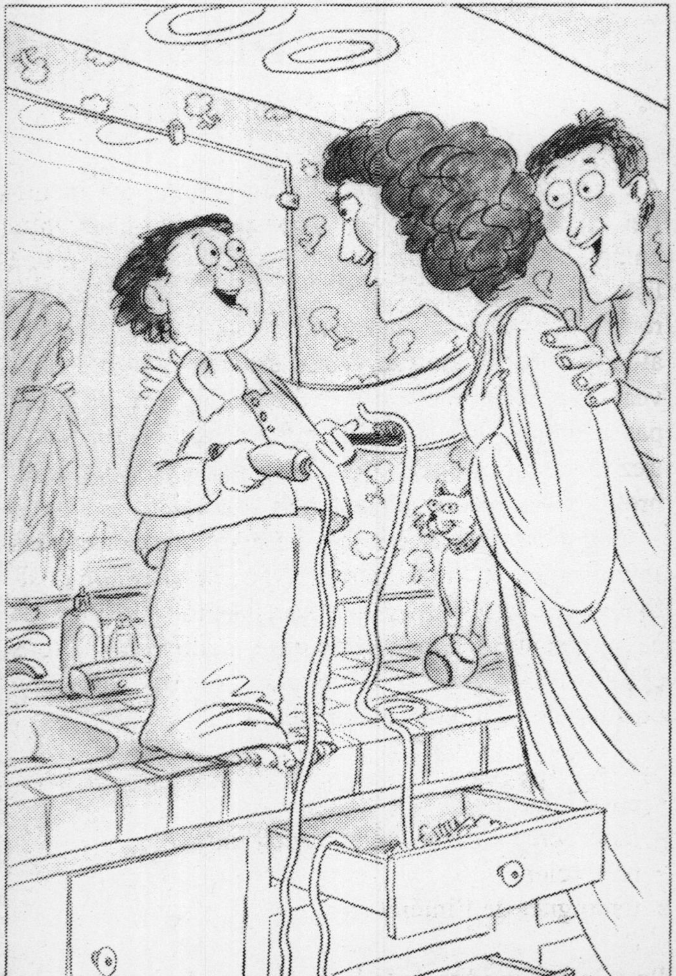

4.

Apprendre à féliciter

Au bout de plusieurs jours d'observation pour identifier les comportements que vous appréciez chez votre enfant, vous vous trouverez peut-être à la tête d'une liste passablement longue. Comme beaucoup de parents avec lesquels je travaille, vous vous apercevrez alors que vous jetez sur votre enfant un regard nouveau : vous commencez à réaliser tout ce qu'il fait et pas seulement tout ce qu'il ne fait pas ; vous reconnaîtrez la valeur des petits succès ou des succès partiels ; bref, vous appréciez davantage votre enfant.

Comment obtenir que ces heureux comportements se multiplient ? En réagissant avec une attention positive. Votre récompense, ce sera la multiplication de ces éléments de bonne conduite, admirables à tous égards. Vous pouvez témoigner de votre attention positive de différentes manières :

- féliciter ;
- encourager ;
- tenir compte de la présence de l'enfant ;
- remercier ;
- témoigner de l'intérêt.

Pour la commodité de la lecture, nous désignerons ces

différents témoignages de satisfaction du nom d'encouragements.

Il faut que je vous prévienne ; il est parfois un peu gênant de dire : *« Ouah ! Comme tu as fait vite pour enfiler ta chaussure gauche ! »* ou encore *« Cela me fait plaisir de t'entendre parler d'une voix normale. »*

Ne vous étonnez pas si vos premiers compliments sonnent un peu contraints. La critique, les reproches et les plaintes vous sont familiers ; il vous est facile de les exprimer. Le fait d'adresser des encouragements, d'exprimer des félicitations ou (même) de pousser des vivats peut sembler un peu étrange à propos de corvées, de responsabilités ou de choses « qu'il doit faire de toute façon ».

Croyez-moi : quand vous commencerez à encourager l'enfant dans le sens que vous désirez, il réagira de façon positive. Il essaiera même de vous contenter d'autres manières car il lui est très précieux et agréable d'obtenir de votre part cette qualité d'attention positive. Le fait d'obtenir l'adhésion de l'enfant vaut bien ce léger malaise que vous pouvez éprouver en lui disant : *« J'aime la façon dont tu as accepté gentiment de te brosser les dents ! »*

LA FAÇON DE FAIRE

Pour encourager votre enfant, il n'y a pas que les mots qui comptent. Pour être plus efficace, mettez toutes les chances de votre côté :

LOUEZ L'ACTION, pas l'enfant. Vous réagissez à un comportement, non pas à l'enfant tout entier en tant que personne. Dites *« C'est bien d'avoir fait ton lit »* et non pas *« Tu es un brave garçon »*.

LE BON MOMENT : adressez votre compliment aussi tôt que possible, c'est-à-dire pendant ou juste après l'acte que vous désirez récompenser.

REGARD : regardez votre enfant dans les yeux. Il faut vous assurer qu'il vous entend et qu'il vous comprend. Demandez-lui de venir jusqu'à vous ou déplacez-vous jusqu'à lui.

POSITION : mettez-vous au niveau de votre enfant. C'est intimidant pour un petit de parler avec un adulte qui le domine de toute sa hauteur (même si cet adulte est bienveillant). Accroupissez-vous un peu pour qu'il se sente plus à l'aise, penchez-vous vers lui. Il sentira mieux votre soutien et votre enthousiasme.

EXPRESSION : souriez, si le cœur vous en dit ! Votre expression en dira autant que vos paroles.

TON DE VOIX : votre ton doit exprimer tout le plaisir que vous a causé votre enfant.

FORMULATION : votre message doit être bref, clair et positif. Citez expressément l'acte apprécié de façon à ce que l'enfant sache de façon précise quelle est la cause de votre satisfaction. Soyez vrai. Ne vous répandez pas plus longuement si vous n'en avez pas envie mais reconnaissez au moins que votre enfant a fait ce que vous aimiez.

PERSONNALISEZ VOTRE COMPLIMENT : posez-vous la question de savoir sous quelle forme votre enfant préfère être encouragé : par des mots ou de simples gestes, à voix haute ou basse, en présence de tiers ou par un chuchotement à son oreille. Arrangez-vous pour que votre message soit pleinement reçu par l'enfant.

ÉVITEZ LES SARCASMES : votre compliment ne doit pas comporter de réserve du genre *« C'est bien, mais mieux vaut tard que jamais… »* ou bien *« Ne t'avais-je pas dit que tu en étais capable ? »* ; proscrivez toute forme d'ironie. Cela gâcherait vos efforts pour encourager l'enfant.

▶ **Exemple :**

Anne (donne à manger au chien sans qu'il ait fallu le lui rappeler cent fois : c'est inhabituel).

Maman (voit sa fille en train de le faire) : *Anne, je vois que tu donnes à manger au chien. C'est très bien. Tu t'occupes bien de lui.*

La maman, pour une fois, n'a pas eu besoin d'insister ; spontanément, elle aurait tendance à rappeler à Anne toutes les fois précédentes où elle a dû la supplier ; mais elle écarte ses sentiments négatifs et décoche son compliment. Ainsi :

1. elle prend le temps de s'avancer jusqu'à la fillette ;
2. elle cite explicitement l'acte qu'elle apprécie : donner à manger au chien de sa propre initiative ;
3. elle explique pourquoi elle apprécie ce comporte-

ment : parce que c'est ainsi que l'on s'occupe bien d'un animal.

Par la suite, Anne aura tendance à nourrir son chien sans qu'on ait besoin de le lui rappeler à chaque fois, car la maman a réagi en lui faisant un compliment.

Peut-être ne vous sentirez-vous pas en permanence d'humeur laudative, surtout s'il vous a fallu attendre longtemps pour obtenir ce que vous désiriez. Il peut très bien se faire que votre enfant fasse une bonne action alors même que vous rongez votre frein pour ne pas exploser. Dans ce cas, contentez-vous de marquer le coup d'une phrase simple. Dans notre exemple, la maman aurait pu dire : *« Merci d'avoir donné à manger au chien. »* Votre attention positive peut se manifester sous différentes formes — un encouragement, un remerciement, un sourire à votre enfant — ou encore en montrant de l'intérêt pour ce qu'il fait, ou simplement en lui prouvant que sa conduite n'est pas passée inaperçue.

COMPLIMENTS : CE QU'IL FAUT FAIRE ET NE PAS FAIRE

DITES :

J'aime ton dessin. Comme tu as bien choisi les couleurs !

NE DITES PAS :

Tu es le meilleur artiste de ta classe. Tu es le meilleur de tous.

EN EFFET :

Vous ne souhaitez pas montrer à votre enfant qu'il réussit aux dépens des autres. Vous ne voulez pas qu'il se sente obligé d'être « le meilleur » pour que vous appréciiez ses résultats. Il ne pourra pas être en permanence « le meilleur » et risque d'être profondément déçu s'il s'aperçoit lui-même, un beau jour, qu'il n'est pas absolument parfait.

* * *

DITES :

Tu peux être fier de ce que tu as fait.

NE DITES PAS :

Je suis fier de toi.

PARCE QUE :

Pour l'enfant, il est important de vous complaire, mais il est plus important encore de sentir qu'il fait des progrès. Si vous dites à votre enfant *« Tu dois réellement être fier d'avoir réussi à mettre tes chaussures tout seul »*, vous lui faites comprendre que c'est bien d'être fier de ses réussites.

* * *

DITES :

Bravo d'utiliser le pot !

NE DITES PAS :

Quel bon garçon tu fais !

PARCE QUE :

« Bon garçon » se réfère à l'ensemble de la personnalité de l'enfant. « Utiliser le pot » se réfère à une action particulière. Votre intention n'est pas de faire croire à l'enfant qu'il peut gagner ou perdre votre amour du simple fait qu'il réussit ou rate un acte donné. Mieux vaut que l'enfant se dise *« Je vais avoir des problèmes parce que j'ai frappé ma sœur »* que *« Je suis un méchant garçon »*. De nouveau, il faut souligner l'importance de cette distinction : il est difficile de savoir si l'enfant ne va pas s'imaginer qu'il a perdu votre amour.

* * *

DITES :

Excellent, ton bulletin scolaire, Sarah !

NE DITES PAS :

Excellent, ton bulletin scolaire, Sarah. Comme celui de ta grande sœur !

PARCE QUE :

Le fait de comparer entre eux des frères et sœurs est cause de rancœur et de concurrence. Chaque enfant a besoin de sentir qu'il s'est attiré un compliment grâce à son seul mérite personnel.

* * *

SOYEZ VRAI :

La plupart des enfants réagissent favorablement à tout compliment sincère ; cependant, celui-ci sera plus efficace encore si vous vous appliquez à bien vous faire comprendre de l'enfant.

* * *

On peut exprimer des compliments de différentes façons : quelle est celle qui sera le mieux reçue par l'enfant ?

Un compliment peut être :

- verbal (quelques mots) ;
- non verbal (un clin d'œil, un signe du pouce) ;
- prononcé à haute voix, expansif et volubile ;
- discret, chuchoté à l'oreille ;
- un simple accusé de réception : *« Je vois que tu as commencé tes devoirs »* ;
- une exclamation enthousiaste : *« Quelle chambre bien rangée ! »* ;
- un écho au sentiment de l'enfant : *« Tu dois te sentir fier de cette réussite ! »* ;
- un commentaire adressé au conjoint : *« Kevin m'a beaucoup aidé aujourd'hui. »*

* * *

☞ EXERCICE
Analyse des compliments

Partez de votre liste des conduites que vous aimez chez l'enfant et que vous voudriez lui voir adopter plus fréquemment. Quand vous surprenez l'enfant en train de faire une de ces choses, ou quelque chose d'autre que vous appréciez, louez-le. Puis, réfléchissez à ce que vous venez de dire. Est-ce que vous utilisez toute la panoplie des techniques à votre disposition ? Pointez la liste de contrôle ci-dessous jusqu'à ce que, par la force de l'habitude, vous en maîtrisiez tous les aspects :

- Est-ce que mon compliment vise un acte et non pas l'enfant ?
- Est-ce que je l'ai regardé dans les yeux en lui adressant mon compliment ?

- Est-ce que mon expression corporelle appuyait l'expression verbale de mon compliment ?
- Quelle était l'expression de mon visage ? Suffisamment agréable ?
- Comment était le ton de ma voix ? Suffisamment chaleureux ?
- Est-ce que j'ai cité explicitement l'acte à louer et de façon suffisamment brève ?
- Est-ce que j'ai décoché le compliment dès que j'ai constaté l'acte à relever ?
- Est-ce que le compliment lui a fait plaisir ?

RÉSUMÉ

Pour que vos compliments soient efficaces dans la modification du comportement de votre enfant, mettez toutes les chances de votre côté :

- Louez l'acte et non l'enfant.
- Regardez-le dans les yeux.
- Mettez-vous physiquement au niveau de l'enfant, ou serrez-le dans vos bras, ou encore donnez-lui une tape affectueuse.
- Souriez-lui, prenez un air avenant.
- Utilisez un ton chaleureux.
- Citez de façon brève mais explicite le comportement que vous désirez louer.
- Exprimez votre compliment en termes compréhensibles par l'enfant.
- Décernez votre compliment sur-le-champ.

Et, bien sûr, ne glissez jamais d'ironie, de sarcasmes, de sous-entendus ou de «*je te l'avais bien dit*».

5.

Quand féliciter

La plupart des parents n'expriment leur satisfaction qu'au moment où l'enfant achève une tâche, ou s'il obéit immédiatement quand on lui demande de faire une corvée. Si vous faites déjà cela, très bien. Mais ne vous arrêtez pas là. Beaucoup de parents ont tendance à ne décerner un compliment qu'une fois la tâche achevée. Cela équivaut à exiger la perfection, et la perfection représente une norme peu réaliste pour les enfants (ne parlons pas des adultes !).

Essayez de faire un compliment à l'enfant pendant qu'il exécute la tâche, en vous y reprenant éventuellement à plusieurs fois. Si l'enfant se sent encouragé tout au long de son effort, il comprendra mieux que vous le soutenez, cela l'encouragera à persévérer.

Quand vous décernez un compliment à propos d'une tâche en cours d'exécution, vous commencez à voir votre enfant d'un regard plus positif. Vous apprenez à faire attention à de petites réussites, aux premiers pas dans la bonne direction ; vous vous mettez à remarquer des actes que, jusque-là, vous auriez considérés comme tout à fait normaux, un minimum vital en dessous duquel l'enfant n'aurait pas le droit de descendre.

De son côté, l'enfant sentira que l'on tient compte de ses efforts et il s'appliquera à mériter vos compliments réitérés. Si vos relations avec l'enfant étaient jusque-là particulièrement tendues, vous vous apercevrez peut-être que, sous ce nouvel éclairage, il vous devient plus sympathique.

Les occasions ne manquent pas pour décerner des compliments à votre enfant. Quand par exemple :

- il **commence** à faire quelque chose que vous appréciez (par exemple à enlever son pyjama le matin) ;
- quand il **essaie** de réussir un acte que vous appréciez, même s'il n'y parvient pas tout à fait (par exemple enfiler une chaussure au mauvais pied) ;
- quand il **est en train de faire** une tâche que vous appréciez (par exemple faire ses devoirs) ;
- quand il **obéit rapidement** à une de vos demandes (par exemple il se dirige vers sa chambre dès que vous lui dites d'aller se coucher) ;
- quand il **fait preuve d'initiative** (par exemple il ramasse et range un jouet sans que vous ayez eu besoin de le lui rappeler) ;
- quand il **joue gentiment ou partage** avec un autre enfant (il gagne ou perd de bonne grâce) ;
- quand il **s'occupe gentiment tout seul** (en lisant, en écrivant, en dessinant, en jouant avec des cubes) ;
- quand il **fait le contraire de quelque chose de défendu** (par exemple il parle d'une voix normale au lieu de hurler dans la maison).

Si vous lui faites des compliments dans ce genre de situations, vous lui donnez accès à un cercle vertueux menant à une conduite de plus en plus positive.

☞ EXERCICE
Comment trouver des occasions de complimenter votre enfant

Notez dans votre carnet des situations comme celles décrites ci-dessus. Pour chaque type, notez comme exemple un acte que votre enfant fait déjà régulièrement. Chaque fois qu'il fait quelque chose que vous appréciez, décernez un compliment à votre enfant.

Si vous aviez jusque-là concentré votre attention sur les difficultés et les bêtises de l'enfant, voilà une occasion en or de constater ses efforts et sa bonne volonté.

La liste des comportements que vous aimez va changer et s'allonger ; à chaque stade de son développement, les efforts et les succès de l'enfant sont différents. Vous féliciterez un enfant de trois ans pour avoir enfilé ses chaussures, un enfant de six ans pour avoir attaché ses lacets et votre aîné de douze ans pour avoir évité de mettre ses chaussures sur le divan ! Chaque fois que vous ajoutez une ligne à votre liste, relisez-la pour vous remettre en tête les occasions de le féliciter. Ainsi, vous mettrez toutes les chances de votre côté pour que l'enfant persévère dans ses améliorations.

Je le répète : si vous n'avez pas le temps pour coucher une liste noir sur blanc, faites ce même exercice mentalement. Remarquez les nombreux efforts de l'enfant et, bien sûr, récompensez-les !

RÉSUMÉ

Ne vous contentez pas de complimenter votre enfant pour une conduite parfaite ou des tâches terminées. Complimentez-le quand :

- il commence à se conduire comme vous aimez ;
- il essaie d'obéir à une demande de votre part ;
- il est en train de faire quelque chose que vous aimez ;
- il obéit rapidement à une de vos demandes ;
- il prend l'initiative de commencer quelque chose que vous appréciez ;
- il joue gentiment avec d'autres enfants ;
- il s'occupe seul ;
- il s'abstient de comportements que vous réprouvez.

Remarquez, appréciez et louez les succès de votre enfant. Il est formidable !

6.

Une habitude à prendre

Vous savez quand et comment encourager votre enfant. Il faut maintenant que vos compliments deviennent une habitude. Soyez à l'affût et identifiez tout acte de bonne volonté de la part de votre enfant ; réagissez-y en manifestant une attention positive.

Dès que vous aurez pris l'habitude de réagir de façon positive et réflexe à tout acte positif de l'enfant, celui-ci s'installera dans un cercle vertueux pour continuer à bénéficier de vos compliments ; vous pourrez alors quitter cette position pénible consistant à devoir continuellement donner des ordres, des rappels à l'ordre et des punitions. Quel soulagement de ne plus être le caporal Tatillon ! Tous mes clients qui se sont mis à pratiquer cette technique d'encouragement ont obtenu de leurs enfants des modifications positives et durables de comportement. Essayez. Persévérez pendant une semaine. Et persévérez encore. Vous serez ravi des résultats :

- Les comportements que vous louez deviendront plus fréquents.
- L'enfant se sentira mieux, plus apprécié.
- Votre enfant fera preuve de meilleure volonté dans d'autres domaines.

- Vous vous sentirez mieux.
- L'atmosphère familiale s'améliorera.
- Tout le monde sera moins tendu.

Souvenez-vous : pour que vos compliments soient efficaces, il faut que, au début, vous réagissiez chaque fois que vous constatez un comportement qui vous plaît. Afin que vos compliments deviennent une habitude quotidienne, faites les exercices suivants.

☞ EXERCICE
Une habitude à prendre

Tracez sur votre carnet trois colonnes intitulées :

Heure	**Comportement que j'apprécie**	**Comment je complimente**

Gardez votre carnet sous la main. Au cours d'une journée, notez autant d'efforts que possible pour louer votre enfant. Remplissez une demi-page, davantage si vous pouvez. Vous n'en ferez jamais trop ! Voici comme exemple le carnet du papa d'un enfant de neuf ans :

Heure	**Comportement que j'apprécie**	**Comment je complimente**
7 h	S'est levé quand le réveil a sonné	*« Bonjour, mon fils ! C'est bien de te lever tôt ! »*
7 h 30	S'est lavé les dents sans que je le lui rappelle	*« Alain, c'est bien de t'être souvenu de te brosser les dents ! »*
18 h	A commencé ses devoirs tout de suite après le dîner sans que j'aie besoin de le tarabuster	*Je lui ai tapoté le dos en lui disant : « Merci d'avoir commencé tes devoirs »*

Remarquez bien la façon dont ce papa s'y est pris :
— il a explicitement cité la raison de sa satisfaction ;
— il a témoigné son attention à l'enfant avec des mots et tout le reste de son comportement ;
— il a félicité l'enfant dès le début de chaque action appréciée ;
— il a dit à son fils quel plaisir il lui faisait.

Faites l'effort de relire les exemples que vous avez notés. Est-ce que vous utilisez toute la panoplie des techniques à votre disposition ? Est-ce que vous félicitez l'enfant pour une action en cours ou seulement pour un résultat final ? Si possible, mettez tous les adultes du foyer dans le coup. A chacun de dresser sa propre liste, quitte à les comparer en fin de journée. Apprenez les uns des autres. Voyez quels sont les comportements qui vous ont échappé ou pour lesquels vous n'auriez jamais songé à décerner un compliment. Discutez la façon la plus efficace d'encourager l'enfant, la façon la mieux reçue par lui. L'adulte à la tête de la liste la plus longue mérite une récompense — et, bien sûr, des félicitations !

RÉSUMÉ

Pour que l'enfant entre dans un cercle vertueux d'actes réussis et de compliments, il faut que vos encouragements deviennent une habitude quotidienne. L'enfant ne changera que si vous l'encouragez à tout coup.

C'est en forgeant que l'on devient forgeron. Au début, vous vous sentirez gêné ou un peu bête, mais complimentez quand même. Louez, louez, louez ! A condition d'être sincère, vous n'en ferez jamais trop.

Réjouissez-vous des résultats. Félicitez-vous vous-même. Non seulement votre enfant est formidable, mais vous aussi, vous êtes formidable !

STATE

7.

Des défis à sa portée

En entrant dans la cuisine, vous voyez des piles de vaisselle sale, des paquets ouverts sur la paillasse, les chats miaulant de faim, une tache rouge suspecte sur le carrelage, de grosses traces de doigts sur le réfrigérateur et un géranium en train de crever de soif sur le rebord de la fenêtre. Vous n'avez qu'une envie : détaler ventre à terre !

Quand vous dites à votre enfant de ranger sa chambre, de s'habiller, de débarrasser sa place à table et ainsi de suite, il a exactement la même expression ; une tâche qui peut vous sembler, à vous, relativement facile, peut être tout à fait au-dessus des forces de l'enfant. Lui aussi a envie de détaler. Et pourtant, ses journées sont pleines d'exigences écrasantes.

Il y a deux façons d'aider l'enfant à venir à bout d'une tâche :

1. divisez une tâche longue et difficile en étapes intermédiaires ;
2. complimentez-le non seulement s'il s'attelle à cette réalisation, mais encore s'il persévère.

L'adulte peut aider l'enfant en lui suggérant ces tâches intermédiaires, en les choisissant et en les citant. L'enfant reconstitue dans son esprit l'ensemble des tâches et le but final lui semble moins inaccessible. Lorsque chaque étape à franchir est identifiée, l'adulte peut décerner un compliment si l'enfant commence, puis achève, chacune des étapes.

Cela peut vous sembler beaucoup de travail que d'identifier chaque étape et de décerner vos compliments au fur et à mesure ; ça, c'est au début. Cependant, votre récompense n'est pas négligeable : votre enfant se sentira suffisamment encouragé pour venir à bout de l'ensemble de la tâche.

Prenons l'exemple d'un enfant de trois ans qui range sa chambre. Il faut diviser le travail en différentes étapes :

— ramasser le premier jouet, par exemple un cube ;
— mettre le cube dans le coffre à jouets ;
— mettre tous les animaux dans le coffre à jouets ;
— mettre les autres jouets dans le coffre à jouets ;
— mettre les livres sur l'étagère ;
— mettre les peluches sur le lit ;
— mettre les vêtements sales dans la corbeille à linge ;
— mettre les petits bouts de papier dans la corbeille à papier.

En divisant une tâche longue et fastidieuse en petits travaux faciles et aisément identifiés, le rangement de la chambre devient une réalisation à la portée d'un enfant de trois ans.

Est-ce qu'il vous faut vous battre tous les matins pour que votre enfant s'habille ? Vous avez beau le supplier, le conjurer, lui crier dessus et, en fin de compte, lui enfiler brutalement ses affaires, vous arrivez tout juste à temps à votre travail. Essayez de le féliciter à chaque étape de son habillage ; vous le verrez bientôt se débrouiller tout seul, de bonne humeur

et sans que vous le tourmentiez ! Ces petites étapes peuvent être les suivantes :
— enlever le pyjama ;
— mettre le pyjama dans le panier à linge ;
— mettre le slip ;
— mettre le tee-shirt ;
— mettre le pantalon ;
— mettre une socquette ;
— mettre la deuxième socquette ;
— mettre une chaussure ;
— mettre la deuxième chaussure ;
— nouer les lacets.

A propos, voilà une des choses que vous devrez entamer dix minutes ou un quart d'heure plus tôt pendant une semaine ou deux, le temps que les choses se mettent en place. Et puis, n'oubliez pas de choisir les vêtements la veille au soir !

Tout cela représente un véritable effort : citer la tâche suivante, sortir de la pièce et y revenir, attendre patiemment que l'enfant commence à obéir, le féliciter pour chaque effort dans le bon sens… Mais réfléchissez aux heureuses conséquences :
— en peu de temps, votre enfant est habillé ;
— il n'y a eu ni larmes ni rappel à l'ordre ;
— l'enfant est fier comme Artaban ;
— les parents sont fiers comme deux Artaban ;
— la prochaine fois, ce sera plus facile encore ;
— bientôt il vous suffira de lui adresser quelques compliments pour obtenir tout le processus.

Quand vous louez l'enfant fréquemment, vous n'êtes plus un persécuteur mais un admirateur. Lequel des deux est le plus motivant ?

☞ EXERCICE
Des compliments à chaque étape

Choisissez quelque chose que vous avez à chaque fois beaucoup de mal à obtenir de l'enfant.

Par exemple :

- un enfant de douze ans a une narration ou un compte rendu à faire pour l'école ;
- un enfant de cinq ans doit nettoyer la table de la cuisine après avoir fait de la peinture ;
- un enfant de quatre ans est chargé de vider les petites corbeilles à papier ;
- un enfant de neuf ans doit plier son linge sale et le ranger ;
- un enfant de dix ans doit nettoyer la cage du hamster ;
- un enfant de six ans doit écrire une carte de remerciement à son grand-père ;
- un enfant de deux ans doit ramasser ses crayons de couleur.

Divisez ces tâches sur votre carnet (ou mentalement) en autant de petites étapes que vous pouvez ; chacune vous fournira une occasion de complimenter votre enfant.

Vous pouvez commencer par rappeler à votre enfant la tâche qui l'attend, mais avec un petit mot encourageant, comme par exemple : *« C'est l'heure de commencer tes devoirs. Pourquoi ne t'installes-tu pas sur la table de la cuisine de façon à ce que, si tu as des questions à me poser, je puisse t'aider ? »*

Complimentez l'enfant dès qu'il s'attelle à son travail. Dans l'exemple actuel, vous pouvez lui donner quelques mots encourageants, par exemple : *« Je suis content que tu t'y mettes tôt, c'est un devoir assez long. »*

Dès qu'il commence ou achève chaque fraction de son travail, commentez ses efforts ; prenez garde à ne pas critiquer, cela pourrait être très décourageant. Au lieu de lui faire observer sa mauvaise écriture, remarquez les quelques lignes ou mots qui sont bien écrits. Vous pouvez dire : *« C'est bien, ce que tu as écrit là : c'est petit et ça suit bien la ligne. C'est très facile à lire. »*

Si vous êtes occupé (en train de préparer un repas, par exemple), vous pouvez proposer à l'enfant de vous appeler chaque fois qu'il achève un paragraphe ou chaque ligne de son problème de mathématiques. Ainsi, l'enfant se sentira poussé à aller jusqu'au bout de chaque étape intermédiaire. L'enfant meurt d'envie de venir à bout d'un travail court afin de pouvoir vous appeler :

— *Papa ! J'ai fini ça, viens voir mes réponses.*

Vous vérifiez que le feu n'est pas trop fort sous la casserole et vous vous rendez auprès de l'enfant pour contrôler son travail. Vous le complimentez pour la rapidité de son résultat, vous le félicitez pour ses réponses justes, vous corrigez ses erreurs, vous le lancez sur l'étape suivante du problème et l'invitez à vous rappeler quand elle sera terminée. Et vous revenez à votre cuisine.

Insistez particulièrement quand l'enfant achève l'ensemble du travail. Par exemple, l'un des parents peut dire à l'autre toute la satisfaction que lui a donnée l'enfant. Un petit enfant apprécie tout spécialement de pouvoir dire à son grand-père ou à sa grand-mère qu'il est « très débrouillard » ou « bien gentil ». Dans notre exemple, le papa peut faire observer :

— *Eh bien, tu as sérieusement travaillé tes maths ce soir !*

Vous et votre enfant vous sentirez tous les deux heureux de l'effort qu'il a fourni.

RÉSUMÉ

Divisez un long travail en petites étapes chaque fois que vous craignez que l'ampleur de la tâche ne décourage l'enfant. Montrez-lui au fur et à mesure quelle est la prochaine étape à accomplir, faites-lui des compliments chaque fois qu'il entreprend ou achève une étape. Bientôt, il en aura fini avec l'ensemble du travail, sans larmes ni harcèlement. La prochaine fois, la tâche sera plus facile encore.

Le temps que vous consacrez à adresser des compliments à votre enfant, vous le récupérerez de façon durable grâce à une plus grande souplesse et une meilleure volonté de sa part.

8.

De plus en plus positif

L'idée de complimenter votre enfant quand il se plie à l'une de vos exigences — ou tout au moins essaie de le faire — vous est à présent familière. Espérons que cela va devenir pour vous une seconde nature et que cela vous semblera de plus en plus naturel. Au fur et à mesure que vous soulignez ses comportements désirables, votre enfant se sentira de plus en plus apprécié.

A présent, j'aimerais que vous réfléchissiez à la possibilité de complimenter votre enfant à propos de comportements faisant appel à des valeurs ou traits de caractère positifs ; par exemple :

- quand il fait un choix intelligent que vous appréciez (il finit ses devoirs avant d'aller jouer ; il décide de faire un dessin pour l'école au lieu de regarder la télévision) ;
- il applique une valeur que vous appréciez (il se montre généreux avec son frère ou son ami ; il respecte les sentiments d'autrui) ;
- il renonce à une mauvaise habitude (il exprime sa colère avec des mots et non avec des coups) ;
- il fait preuve de maturité (il s'attelle à temps à son compte rendu de lecture, et non pas au tout dernier moment ; il ignore les taquineries d'un fier-à-bras) ;
- il se plie à une règle familiale, en dépit de la tenta-

tion (il vous demande un bonbon au lieu de se servir ; il fait du vélo à l'intérieur des limites prescrites bien qu'un ami le pousse à sortir sans permission) ;

- il fait preuve, dans son travail ou dans ses jeux, d'une qualité que vous aimez (il fait la vaisselle sans laisser les assiettes graisseuses ; il fait ses devoirs avec une écriture soignée et sans empreintes digitales).

Quand il se comporte de la sorte, prenez-le à part. Regardez-le dans les yeux et dites-lui quel immense plaisir (ou quelle immense fierté) vous avez éprouvé quand il a fait ce choix ; dites-lui à quel point il peut se sentir content de lui. Vous faites ainsi un investissement dont vous toucherez plus tard les dividendes, chaque fois qu'il recommencera à se conduire de cette heureuse façon.

Complimentez votre enfant de façon précise, en citant explicitement la conduite ou la qualité que vous appréciez. Comme dans l'exemple suivant :

L'enfant (couvre la table de vieux journaux avant de recoller un objet cassé).

Sa mère : *Carla, merci de protéger la table avec de vieux journaux. C'est bien de te montrer soigneuse comme cela.*

☞ EXERCICE
De plus en plus positif

Commencez dès aujourd'hui à observer le comportement de votre enfant ; remarquez chaque fois qu'il fait des choix appropriés, qu'il se conforme à des valeurs que vous aimez, qu'il suit des règles familiales en dépit de la tentation, etc. Complimentez-le pour ses subtiles nuances de comportement et observez qu'elles se multiplient. Faites comprendre à l'enfant que vous remarquez ses progrès et remerciez-le !

RÉSUMÉ

Quand vous louez des comportements que vous appréciez et que vous aimeriez lui voir observer plus souvent, par exemple :
— faire preuve de maturité,
— suivre les règles familiales,
— se conformer aux valeurs que vous appréciez,
— faire des choix intelligents,
— renoncer à des comportements que vous réprouvez,
vous pouvez être sûr que l'enfant se comportera ainsi de plus en plus souvent.

TROISIÈME ÉTAPE :

DÉCOURAGER LES COMPORTEMENTS NÉGATIFS

Cette étape vous apprendra comment votre indifférence peut décourager l'enfant de persévérer dans des comportements négatifs. De même que l'art du compliment, celui de l'indifférence est facile à comprendre mais les parents trouvent que c'est l'outil éducatif le plus difficile à utiliser de façon systématique. Vous apprendrez comment vous montrer impassible, à quelles occasions, comment combiner l'usage de l'indifférence et celui du compliment, et comment rendre cette indifférence plus spontanée. Ensuite, vous n'aurez plus qu'à observer les comportements négatifs de votre enfant en train de disparaître !

9.
L'art d'ignorer

Vous avez appris au début de ce livre à utiliser le levier de votre attention pour augmenter la fréquence des comportements positifs de votre enfant. Dans la deuxième étape, j'ai introduit un autre concept : en faisant semblant d'ignorer les comportements que vous réprouvez, vous en diminuerez la fréquence. Ne pas prêter attention à telle ou telle action de votre enfant, c'est faire comme s'il ne l'avait pas commise.

Mais vous allez me demander :

— Faire semblant de n'avoir rien vu, rien entendu ? Mon enfant en conclura que cela m'est égal. Dans ce cas, il va faire n'importe quoi !

Erreur ! Voyons d'un peu plus près comment les gens se comportent quand on fait comme s'ils n'étaient pas là.

Voici un exemple : vous attendez à votre arrêt de bus. Il est tard. Vous regardez votre montre. Le temps passe. Toujours pas de bus ! En fin de compte, vous décidez de faire autre chose : vous faites votre trajet à pied, vous prenez un autre bus, vous appelez un ami pour qu'il vienne vous chercher en voiture ou encore vous prenez un taxi.

Analysons un peu votre comportement tandis que vous attendez en vain à cet arrêt de bus. Le bus ne vient pas. Il fait « comme si » vous n'étiez pas là.

Comment réagissez-vous ? Vous cessez d'attendre, vous modifiez votre comportement. Et vous partez à pied.

Autre exemple : au cours d'une soirée, vous bavardez avec quelqu'un et vous lui racontez telle ou telle chose merveilleusement adorable que votre enfant a faite quelques jours plus tôt. Votre interlocuteur commence à regarder autour de lui, se détourne légèrement de vous et se met à adresser à la ronde sourires et hochements de tête. Bref, il se moque éperdument de ce que vous lui narrez.

Comment réagissez-vous ? Vous abrégez votre monologue, vous vous taisez ou bien vous lui posez une question pour attirer de nouveau son attention. Dès qu'il s'est mis à faire « comme si » vous ne disiez rien, vous avez modifié votre conduite.

C'est précisément ce qui marche si bien avec les enfants. Comme ils ont tant besoin de votre attention, le fait de les en priver est un puissant levier pour modifier leur attitude.

Je n'ai pas dit qu'il faut « ignorer l'enfant » ; je dis qu'il faut « ignorer le comportement de l'enfant ». La nuance est importante. Vous ne punissez pas l'enfant en restant coi, vous ne boudez pas, vous ne fulminez pas en silence pour lui montrer votre désapprobation. Mais vous lui adressez le message suivant : *« Je n'aime pas ce comportement-là ; il ne te rapportera rien ; tant que tu continueras, tu n'obtiendras pas mon attention. »*

Quand on la combine avec des compliments bien placés (dès que votre enfant adopte une conduite que vous préférez), l'indifférence est un puissant outil pour faire régner la discipline. En fait, l'impassibilité trouve toute son efficacité au moment où l'enfant change de comportement et que vous lui décernez, sans plus attendre, le compliment attendu. En restant impassible, vous diminuez l'importance du comportement que vous déplorez et, en adressant un compliment, vous montrez à l'enfant quelle conduite vous préférez lui voir adopter.

Peut-être avez-vous déjà essayé l'efficacité de l'indifférence quand l'enfant fait un caprice ou se répand en jérémiades. Des parents excédés décident parfois de détourner leur attention de l'enfant au moment où celui-ci fait une scène fracassante. A leur grande surprise, ils s'aperçoivent que l'enfant ne tarde pas à se calmer. Dans d'autres circonstances, des parents peuvent réagir aux plaintes de l'enfant en lui disant : *« Je ne t'écouterai pas tant que tu ne parleras pas d'un ton normal. »* C'est une façon d'annoncer à votre chérubin que vous resterez sourd à ses plaintes tant qu'il continuera à geindre. Les parents qui parviennent à rester impassibles devant les jérémiades, puis complimentent l'enfant quand il s'exprime normalement, réussiront bientôt à éliminer totalement ce comportement négatif de l'enfant.

Ne vous contentez pas de me croire sur parole. Lisez le reste de ce chapitre. Essayez de rester de marbre devant les comportements qui vous déplaisent et dont vous voudriez que votre enfant se débarrasse. Si vous utilisez avec persévérance le tandem impassibilité/compliments, vous serez enthousiasmé par les résultats que vous obtiendrez.

Rester impassible devant tel ou tel acte de votre enfant peut correspondre à différents types de réactions. Vous pouvez par exemple :

- vous détourner physiquement ;
- changer de sujet ;
- répéter ce que vous veniez de dire ;

- centrer votre intérêt sur autre chose ;
- éviter de croiser le regard de l'enfant ;
- annoncer explicitement que vous n'entendrez ni ne verrez rien et que vous ferez comme si ce comportement n'existait pas.

Ce sont autant de façons d'ignorer ce que fait votre enfant.

COMMENT VOUS Y PRENDRE

Pour rester parfaitement impassible, vous pouvez commencer par détourner votre visage et votre corps de l'enfant tandis qu'il commence à faire ce que vous ne souhaitez pas. Ce faisant, vous cachez également vos sentiments de colère et d'exaspération. Bien sûr, vous êtes parfaitement conscient de ce que fait votre enfant, vous attendez avec impatience qu'il change de comportement mais vous concentrez votre attention sur autre chose. Vous préparez mentalement le compliment que vous lui décernerez dès qu'il changera de conduite.

Pour rester impassible de façon efficace, mettez toutes les chances de votre côté et utilisez :

VOS YEUX : évitez de croiser le regard de l'enfant ; montrez-lui que vous ne prêtez aucune attention à sa conduite.

VOTRE CORPS : détournez-vous de lui pour bien lui montrer qu'il ne vous intéresse pas (même si ce n'est pas tout à fait vrai…).

VOTRE VISAGE : neutre, flegmatique. Pas le moindre signe d'agacement (même si vous êtes totalement exaspéré).

VOTRE MESSAGE : rien ! Pas un mot, pas de gestes révélateurs ! Surtout pas de signes d'exaspération.

VOS ÉMOTIONS : aucune ! Pas de colère, pas d'exaspération, rien du tout ! Concentrez-vous sur la trotteuse de votre montre, sur la musique d'ambiance du magasin, sur un grain de poussière qui orne la manche de votre chemise.

VOTRE MOMENT : tout de suite, dès que l'enfant commence à se comporter d'une façon que vous réprouvez.

Et tenez-vous prêt avec votre compliment, dès que l'enfant cesse le comportement que vous réprouvez et se conduit de la façon que vous souhaitez. Votre impassibilité ne sera efficace que si elle est immédiatement suivie par un compliment. En ne prêtant pas attention à un comportement déplacé, vous diminuerez sa fréquence ; vous augmenterez celle du comportement souhaité en lui décernant un compliment au plus tôt.

Mais attention : au début, votre enfant se demandera où diable sont passés toute votre attention, vos reproches, vos critiques, vos lamentations, etc. Il en rajoutera ! Il sait bien que, jusque-là, chaque fois qu'il s'est montré insupportable, il a eu droit à votre attention. Peut-être se dit-il par-devers lui : *« Peut-être ne m'entend-il pas… Alors, je vais crier un peu plus fort ! Je vais donner des coups de pied un peu plus violents ! Et maintenant, est-ce qu'il m'entend ? »* C'est là que vous devez faire preuve d'obstination et continuer à ignorer ce mauvais comportement.

▶ **Exemple :**

Un papa arrive à la caisse de son supermarché avec sa petite Olga, âgée de trois ans, dont le nez est juste au niveau d'un étalage de chewing-gums :

Olga : *Papa, je veux des chewing-gums.*
Papa : *Non, Olga, je suis désolé, ça fait mal aux dents.*
Olga (plus fort) : *Je veux des chewing-gums. Je veux des chewing-gums.*
Papa : *Désolé, non.*
Olga (en larmes) : *Je veux des chewing-gums. Donne-moi des chewing-gums !*

Le papa d'Olga se détourne et commence à mettre ses achats dans des sacs en plastique ; Olga tombe à genoux et serre les jambes de son papa. Celui-ci prend plusieurs profondes inspirations et commence à feuilleter une revue. Les pleurs d'Olga se font plus insistants pendant quelques minutes ; puis, le papa remet la revue sur son présentoir, commence à bavarder avec le caissier et règle sa note. Les pleurs d'Olga diminuent : le papa attend que sa fille recommence à se comporter gentiment. Enfin, Olga se lève :

Papa : *Est-ce que tu veux m'aider à pousser le caddie ?*
Olga (faisant encore la moue, reniflant un peu, fait signe que oui).
Papa : *Merci, il est si lourd...*

Le papa s'est parfaitement comporté :

1. Il s'est détourné et a fait preuve d'impassibilité.
2. Il a tourné son attention vers d'autres choses et d'autres gens.
3. Il a pris plusieurs profondes inspirations pour garder son calme.
4. Quand Olga se calme, il recommence à s'intéresser à elle.

Si le papa a recours à ce tandem impassibilité/compliments chaque fois que sa fille lui demande des chewing-gums au supermarché, celle-ci finira par se lasser de faire des scènes et acceptera le refus paternel.

J'aime à considérer l'impassibilité comme une phase provisoire au cours de laquelle on attend un comportement correct de la part de l'enfant. Peut-être me rétorquerez-vous :

— Attendre ? Mais qui a le temps — ou la patience — d'attendre ?

Nous y reviendrons dans le chapitre 11. Mais je vous conjure de prendre le temps d'attendre. Quand vous avez lieu de craindre un caprice (par exemple, parce que votre enfant refuse tous les jours de se brosser les dents), donnez à votre enfant un peu plus de temps, de façon à ce que vous, vous ayez le temps d'attendre calmement sa modification de comportement. Votre patience doit être assez grande pour venir à bout des humeurs de l'enfant. Vous serez tenté de capituler mais, si vous le faites, vous fixerez de façon durable ce comportement indésirable grâce à l'attention que vous lui aurez accordée. Par la suite, il vous sera plus difficile encore de faire comme si de rien n'était.

Peu à peu, si vous faites preuve de persévérance dans l'utilisation du tandem impassibilité/compliments, vous aurez besoin de moins en moins de temps pour faire évoluer le comportement de votre enfant. Il faut qu'il apprenne à vous respecter, il faut que vous deveniez crédible à ses yeux. Votre enfant doit savoir que, quand vous décidez de rester impassible, vous le restez jusqu'au bout et que vous ne le récompensez pas par la moindre parcelle d'attention. Les incidents se feront moins nombreux, plus courts et plus faciles à résoudre.

ANNONCEZ LA COULEUR

Il peut être judicieux de prévenir l'enfant que vous vous apprêtez à l'ignorer : à condition que, ensuite, vous vous teniez exactement à la conduite annoncée. Dans l'exemple ci-dessus, le papa d'Olga aurait pu annoncer : *« Olga, je ne t'écouterai pas tant que tu ne te calmeras pas. »* Et il aurait ensuite ignoré aussi bien les paroles que les actions de sa fille jusqu'à ce que celle-ci obéisse.

☞ EXERCICE
Entraînez-vous à ignorer

Partez de la liste des comportements qui vous déplaisent, établie lors de l'exercice du chapitre 3. Dès que vous surprenez votre enfant à se comporter de cette façon (il se chamaille avec sa sœur, il répond, il se ronge les ongles, il traînasse...), appliquez-vous à faire comme si vous ne le remarquiez pas. Puis, faites le point avec vous-même : utilisez-vous tous les éléments à votre disposition ? Vérifiez avec la liste ci-dessous jusqu'à ce que vous ayez pris l'habitude de mettre toutes les chances de votre côté :

- Est-ce que j'ai détourné les yeux ? Est-ce que j'ai évité de croiser le regard de mon enfant ?
- Est-ce que je me suis moi-même détourné de lui, de façon à bien lui montrer que je ne lui accordais aucune attention ?
- L'expression de mon visage était-elle neutre, impassible ?
- Ai-je gardé le silence ? Ai-je évité d'adresser des messages subliminaires par mon attitude ? Par mes soupirs ?
- Avais-je bien l'air calme, indifférent et sans émotion ?
- Est-ce que je me suis mis à faire l'impassible dès que l'enfant a commencé à faire ce que je n'aime pas, ou bien tout de suite après l'avoir prévenu ?
- Est-ce que j'ai félicité mon enfant dès qu'il a changé de comportement, ou commencé à faire quelque chose qui me plaît ?

RÉSUMÉ

Afin que votre impassibilité soit efficace pour diminuer les comportements déplorables de votre enfant, n'oubliez aucun des éléments suivants :

- Ne croisez pas le regard de l'enfant.
- Détournez-vous complètement de lui.
- Concentrez votre attention sur quelque chose d'autre (votre montre, votre rythme respiratoire, le fait de compter jusqu'à dix, un livre...).
- Gardez une expression parfaitement impassible.

- Ne faites pas de bruit, abstenez-vous de tout geste significatif.
- Restez d'un calme olympien, affectivement distancié.
- Ignorez dès le départ.

Et complimentez l'enfant dès qu'il change de conduite.

10.

Que faut-il ignorer ?

Chaque fois que votre enfant se comporte d'une façon qui vous déplaît, faites comme si de rien n'était. Continuez à feindre l'indifférence, jusqu'à ce qu'il fasse quelque chose qui vous plaît ; alors décernez-lui un compliment. Vous pouvez jouer l'impassibilité face à tous les comportements de la liste négative dressée à la troisième étape. Cependant, il est parfois plus facile de ne prendre qu'un élément de la liste à la fois.

Souvenez-vous : quand vous commencez à feindre l'indifférence, le comportement que vous déplorez aura tendance à s'aggraver, au début, avant de décroître et de disparaître (encore faut-il que vous fassiez preuve de persévérance dans votre attitude). En félicitant l'enfant chaque fois qu'il adopte l'attitude contraire à celle que vous réprouvez, vous lui apprendrez à se comporter de la façon dont vous souhaitez. L'exercice décrit ci-dessous vous aidera à savoir quand utiliser le tandem impassibilité/compliments.

☞ EXERCICE
Utilisation du tandem impassibilité/compliments

1. Prenez votre liste des comportements négatifs de l'enfant.

2. En face de chaque comportement que vous réprouvez, notez celui que vous désirez faire adopter par votre enfant.

Comportement que je réprouve	**Comportement que je désire à la place**
geindre	utiliser une voix normale
frapper Maman	dire : *« je suis en colère »*
se plaindre en voiture	se montrer patient
faire un caprice	accepter que les parents disent *« non »*
bouder	expliquer son problème

3. Choisissez le comportement que vous désirez voir disparaître et appliquez-vous à l'ignorer chaque fois que l'enfant le commet.

4. Dès que l'enfant change de comportement, adressez-lui un compliment.

5. Chaque fois que l'enfant adopte la conduite censée remplacer celle que vous réprouvez, adressez-lui un compliment.

Vous pouvez prouver l'efficacité du tandem impassibilité/compliments. Prenez des notes pendant une semaine. Relevez chaque fois que le « bon » comportement apparaît. Vous verrez sa fréquence augmenter.

Persévérez ; cet outil est le plus difficile à utiliser de tout le livre. Pour avoir d'autres précisions, consultez le chapitre 11.

RÉSUMÉ

Pour diminuer les comportements que vous réprouvez :

1. Choisissez un des comportements que vous réprouvez et que vous désirez voir disparaître, décidez de l'ignorer.

2. Choisissez quel est le comportement par lequel vous souhaitez le voir remplacé, et louez l'enfant dès qu'il l'adopte.

3. Attendez-vous à ce que les écarts de conduite de l'enfant s'aggravent ; mais n'en démordez pas : faites comme si de rien n'était !

4. Tenez le compte des fois où l'enfant adopte le « bon » comportement.

5. Constatez la diminution de fréquence du comportement à éliminer.

6. Adressez-vous les félicitations que vous méritez : bien joué !

11. Est-ce toujours possible ?

La plupart des parents éprouvent tôt ou tard des difficultés à rester aussi impassibles qu'ils le voudraient.

Imaginons que vous êtes sur l'autoroute, vos enfants n'arrêtent pas de se plaindre : c'est long, ils s'ennuient, l'un d'eux prend toute la place... Vous imaginez la scène !

Autre exemple : vous êtes au téléphone en grande conversation avec un ami. Votre enfant de deux ans vient jusqu'à vous, il voudrait que vous lui passiez le combiné ou que vous en finissiez avec cette conversation.

Troisième exemple : vous revenez du travail ; vous êtes en train de préparer le repas et demandez à un enfant de vous aider à laver les légumes. Votre enfant de sept ans proteste : *« Pourquoi faut-il que je fasse tout dans cette maison ? »*

La plupart des comportements dont nous souhaiterions débarrasser nos enfants sont si exaspérants que bien des parents ont toutes les peines du monde à ne pas exploser.

— Comment puis-je rester impassible ? me demandent certains parents. Je n'arrive pas à ne pas réagir !

Le secret de l'impassibilité, ce n'est pas de rester à

ne rien faire, mais c'est de faire autre chose, de détourner son attention des bêtises de l'enfant.

Une raison pour laquelle il est si difficile à beaucoup d'entre nous de feindre l'ignorance, c'est que nous avons été élevés par des parents qui étaient très forts pour nous critiquer, nous corriger et se plaindre. Sans même y réfléchir, nous calquons notre conduite sur ce schéma éducatif. Parfois, nous éprouvons quelques remords en nous trouvant si sarcastiques ou perfectionnistes avec nos enfants. Mais ces méthodes éducatives nous ont été inculquées avant même que nous ne soyons en mesure de parler ou de raisonner. Ainsi, nous retomberons dans les mêmes ornières si nous ne faisons pas un effort conscient pour remplacer ces habitudes exécrables par de nouvelles techniques. Faute de quoi, nos propres enfants risquent de répéter les mêmes erreurs avec leurs descendants à eux !

Le grand défaut des méthodes classiques de punition verbale (critiquer, corriger et se plaindre), c'est qu'elles consistent à accorder de l'attention aux comportements négatifs de l'enfant ; or, la seule façon d'en diminuer la fréquence, c'est de refuser son attention à l'enfant dans ces circonstances.

Certains parents craignent que le fait d'ignorer tel ou tel comportement de l'enfant soit interprété par ce dernier comme un accord tacite de leur part. C'est faux. Le message reçu par l'enfant est le suivant : *« Je n'aime pas la façon dont tu te conduis et tu n'obtiendras pas mon attention de cette façon-là. »*

Certains clients m'ont raconté que, dans un moment de colère, ils ont oublié de rester impassibles avec l'enfant au moment critique. Pour éviter ce genre d'étourderie, un couple de mes clients a mis au point une méthode originale : quand leur fils commence à se comporter d'une façon qu'ils n'aiment pas et que l'un des parents réagit, l'autre lui dit :

— *Oh, chérie, Madame Tartempion a appelé.*

Cela rappelle au premier conjoint qu'il doit rester impassible mais cela lui donne aussi un bon prétexte pour quitter la pièce :

— *D'accord, je la rappelle tout de suite.*

D'autres parents commencent par rester impassibles mais abandonnent trop vite, poussés à bout par l'acharnement de leur enfant. Cela est bien compréhensible : je l'ai dit plus haut, la conduite indésirable aura, au départ, tendance à se renforcer ; par exemple, un enfant qui a pris l'habitude de dire de gros mots va s'obstiner à parler comme un charretier pour attirer, coûte que coûte, votre attention.

C'est là la phase critique : rester impassible à tout prix ! Vous devez vous montrer plus persévérant que votre enfant. Chaque fois que vous cédez ou que vous hurlez, vous tendez à conforter l'enfant dans son comportement. Je sais bien que l'impassibilité n'est pas facile mais elle vaut la peine d'être tentée.

Croyez-moi ! Si vous persévérez à ignorer un comportement négatif et décernez immanquablement un compliment à l'enfant dès qu'il adopte le comportement que vous désirez, vous réussirez. L'impassibilité est peut-être le plus difficile de tous les outils que vous aurez à assimiler, mais il a déjà servi dans des milliers de familles, il peut vous être utile à vous aussi.

Voilà. Quand :

— vous vous sentez trop tendu ou furieux pour rester impassible ;

— vous ne parvenez pas à vous souvenir d'ignorer tel ou tel comportement ;

— vous commencez par rester impassible, mais vous finissez par hurler, punir ou même céder ;
il vous faut alors un plan d'action pour vous aider à concentrer votre attention sur autre chose et à vous souvenir de lui décerner son compliment.

☞ EXERCICE
Plan d'action pour rester impassible

Relisez la liste des comportements négatifs que vous avez dressée.

Choisissez sur cette liste un comportement dont vous désirez que l'enfant se débarrasse.

Dressez sur votre carnet un plan d'action pour rester impassible dans ces circonstances en répondant aux questions suivantes :

1. Quel est le comportement que je réprouve et désire voir disparaître ?

2. Quel est le comportement que je désire que mon enfant adopte à sa place ?

3. Où cela se passe-t-il ?

4. Quand cela se passe-t-il ?

5. Quelles sont les autres choses qui se produisent en même temps ?

6. Quand ce comportement se produira, que ferai-je ? (Notez tous les éléments, y compris le regard, l'attitude corporelle, les émotions…)

7. Sur quoi vais-je concentrer mon attention pour la détourner du comportement de l'enfant ?

8. Quelle phrase vais-je me répéter afin de m'encourager à tenir bon ?

9. Que ferai-je quand l'enfant changera de comportement et se mettra à faire comme je le désire ?

10. Que ferai-je s'il ne change pas de comportement ?

▶ Exemple :

La petite Tina, six ans, entre dans la cuisine où sa maman, Martine, est en train de finir de préparer le dîner pour elles deux. Martine demande à Tina de mettre le couvert. Tina se met à hurler :

— *Tu me prends pour Cendrillon !*

Martine est furieuse : les enfants de ses amis font bien plus de corvées domestiques que Tina ; il serait plus que temps que Tina mette la main à la pâte, elle aussi. Mais Martine, qui est une maman célibataire, déteste se disputer avec Tina, surtout vers l'heure du dîner. Elle aimerait que ce soit un moment de détente propice à un bavardage amical entre la mère et la fille. Elle esquive donc l'affrontement en répondant :

— *Bon, ce soir je ne t'oblige pas à mettre la table. Mais à partir de demain soir, tu seras chargée de mettre le couvert, tout comme moi, je suis chargée de faire la cuisine.*

Le lendemain, Martine réfléchit pendant son trajet de voiture pour aller au travail : *« J'ai le droit de demander à Tina de mettre le couvert. Mettre le couvert est tout à fait à la portée d'une enfant de six ans, voire même d'une enfant de quatre ans ! »*

Martine redoute l'approche de l'heure du dîner. Elle sait que Tina sera en colère, qu'elle réagira en polémiquant, en se plaignant ou en faisant un gros caprice. A l'heure du déjeuner, pendant son moment de détente, Martine prépare son plan d'action :

1. Quel est le comportement que je réprouve et désire voir disparaître ?

Protestations, hurlements, trépignements.

2. Quel est le comportement que je désire que mon enfant adopte à sa place ?

Mettre la table ou tout au moins en parler calmement avec moi.

3. Où cela se passe-t-il ?

Dans la cuisine.

4. Quand cela se passe-t-il ?

Vers 18 heures, juste avant le dîner.

5. Quelles sont les autres choses qui se produisent en même temps ?

Je suis en train de faire la cuisine. Nous sommes fatiguées, affamées et grincheuses. Elle est en train de regarder la télé, c'est son régal. Elle déteste qu'on l'interrompe. Je lui laisse même faire ses devoirs après la télé et le dîner car je n'aime pas me disputer avec elle.

6. Quand ce comportement se produira, que ferai-je ? (Notez tous les éléments, y compris le regard, l'attitude corporelle, les émotions…)

D'abord, je dirai à Tina, calmement mais fermement : *« Quand tu auras mis le couvert, je servirai le dîner. »* Ensuite, quand elle commencera à protester, je me détournerai lentement, lui tournerai le dos et essaierai de respirer calmement.

7. Sur quoi vais-je concentrer mon attention pour la détourner du comportement de l'enfant ?

Je m'occuperai des plats à préparer, je secouerai la salade, je goûterai un macaroni, je mettrai du pain dans le four. De toute façon, j'ai des tas de choses à faire à ce moment-là, donc il me sera facile de faire semblant de ne pas écouter, même si ce n'est pas le cas.

8. Quelle phrase vais-je me répéter afin de m'encourager à tenir bon ?

Si j'ignore ses protestations, elles cesseront. Je peux parfaitement y arriver. Ce n'est qu'une fillette. L'adulte, c'est moi. J'ai le droit de me faire un peu aider, et cela fait du bien aux enfants de faire quelques corvées domestiques. Si je ne lui confie jamais de responsabilités, elle va devenir une enfant gâtée, un petit monstre.

9. Que ferai-je quand l'enfant changera de comportement et se mettra à faire comme je le désire ?

Quand elle arrêtera de se plaindre, de faire des histoires, de polémiquer et entreprendra de mettre le couvert, je tournerai de nouveau mon attention vers elle. Peut-être lui poserai-je une question assez neutre ou lui offrirai-je un choix. Je pourrai dire par exemple :

— *Est-ce que tu as envie de boire du lait ou du jus de fruit ?*

Cela détendra l'atmosphère et elle saura ainsi que je ne lui tiens pas rigueur de son écart. Peut-être pourrai-je même lui accorder un petit réconfort en lui disant :

— *Tu dois être aussi fatiguée et affamée que moi !*

Si elle commence à mettre la table, je dirai :

— *Merci, Tina, cela me fait plaisir que tu m'aides.*

10. Que ferai-je si elle ne change pas de comportement ?

Mais peut-être s'obstinera-t-elle ? Peut-être continuera-t-elle à pleurer jusqu'à s'endormir ? Je crois que, si je fais preuve de fermeté, elle finira par mettre le couvert ; mais il faut que je sois prête au cas où elle ne céderait pas. Peut-être dois-je préparer un compromis lui permettant de sauver la face. Peut-être que, quand le dîner sera prêt, je pourrai lui proposer : *« J'ai fini mon travail, je vais t'aider à faire le tien. »* Je pourrai aussi lui tendre les fourchettes en même temps, je suis pratiquement certaine qu'elle les prendra et commencera à mettre le couvert.

En établissant son plan d'action, Martine se prépare au conflit avec Tina ; comme elle a un plan tout prêt, elle évite de se retrouver dans cette situation horrible où des parents se disent : *« Mon Dieu ! Que faire ? »*

Son plan d'action aide Martine à réfléchir sur le comportement de Tina : y a-t-il dans la conduite de mon enfant quelque chose qui me plaise ? Que voudrais-je qu'elle fasse au lieu de ce genre de bêtises ? Quelle est exactement la partie de son comportement qui me contrarie ? Cela lui rappelle d'ignorer les éléments qu'elle réprouve, et cela l'aide à attendre pour complimenter les comportements qu'elle apprécie.

En préparant ce sur quoi elle détournera son attention, Martine a plus de chances de se souvenir qu'il lui faut rester impassible ; elle aura moins de mal à garder son sang-froid quand la situation deviendra tendue. Elle peut répéter toute la scène dans sa tête ou, mieux encore, sur les lieux même du conflit, avant d'affronter Tina.

Le discours intérieur de Martine peut l'aider à tenir bon, en se disant par exemple : *« Accroche-toi, tu y arriveras ! »* Elle peut aussi se préparer à répéter pardevers elle des mots qui l'encourageront à rester ferme. En effet, la maman est face à un dilemme :

d'un côté, elle désire que Tina mette la table, d'un autre côté, elle aimerait avoir la paix. Tant qu'elle continuera à tergiverser, Tina sentira son hésitation et en profitera au maximum. Dans son discours intérieur, Martine doit se remémorer le fait que c'est elle l'adulte. Elle a le droit de se faire aider pour mettre le couvert. Plus important encore, Tina doit apprendre à assumer ses premières responsabilités : dans toutes les familles, surtout dans les plus petites où l'un des conjoints est absent, chaque membre doit mettre la main à la pâte. Il appartient aux parents d'enseigner à leurs enfants cette vérité élémentaire.

Pendant un certain temps, il faudra que Martine trouve la force de rester impassible chaque fois que Tina fera un caprice. Jusqu'alors, Martine avait appris à Tina que, si celle-ci poussait son caprice assez loin, elle obtenait tout ce qu'elle voulait. Martine doit maintenant désapprendre à sa fille l'efficacité de cette tactique.

Le fait de rester à tout prix impassible face à une conduite particulière exaspérante (bouderie, gros mots, polémique) peut être fort éprouvant, un véritable défi pour vos nerfs. Dès que vous identifiez une nouvelle conduite-cible, rédigez un plan d'action de façon à canaliser vos forces. Décidez de façon précise ce que vous voulez ignorer et la façon dont vous le ferez ; décidez exactement comment vous réagirez, ce que vous direz, ce que vous penserez même. Ainsi, vous parviendrez réellement à rester impassible, ce qui diminuera la fréquence de la conduite indésirable.

En fin de compte, l'impassibilité deviendra pour vous une seconde nature, une des armes les plus efficaces de votre arsenal.

RÉSUMÉ

L'impassibilité est une méthode énergique pour diminuer la fréquence des conduites indésirables, mais elle n'est pas facile à mettre en œuvre. Cela demande de l'entraînement. Afin de mettre toutes les chances de votre côté pour rester impassible face à une conduite particulièrement exaspérante, préparez-vous en rédigeant un plan d'action. Répondez aux questions suivantes :

1. Quel est le comportement que je désire éliminer ?

2. Quel est le comportement par lequel je désirerais qu'il soit remplacé ?

3. Où cela arrive-t-il ?

4. Quand cela arrive-t-il ?

5. Que se passe-t-il d'autre au même moment ?

6. Au moment de la crise, que ferai-je ? (Précisez le regard, l'expression corporelle, les émotions.)

7. Sur quoi concentrerai-je mon attention ?

8. Quel discours intérieur tiendrai-je pour m'encourager ?

9. Quand l'enfant cessera son inconduite et commencera à se comporter de la façon que je désire, quel compliment lui décernerai-je pour l'encourager à persévérer dans le sens que je souhaite ?

10. Que faire si mon enfant ne s'arrête pas ?

12.

Une deuxième habitude à prendre

Vous savez maintenant quand et comment rester impassible. Vous avez rédigé un plan d'action pour déterminer votre ligne de conduite au moment de la crise. Il faut à présent que cette impassibilité devienne pour vous une seconde nature, une réponse réflexe face à tout comportement que vous réprouvez. Pourquoi ? Si vous feignez l'indifférence une fois de temps en temps, vous n'arriverez à rien. Il vous faut rester indifférent à chaque fois si vous voulez réellement obtenir des résultats.

► Exemple :

Sheila, maman d'un petit garçon de six ans, a noté dans la colonne « comportements que je réprouve » : « il m'appelle pour la plus petite chose ». Sheila a pris l'habitude, depuis l'époque où son fils était nourrisson, de tout lâcher pour accourir à son premier appel, comme il convient de faire avec un bébé en bas âge. Chaque fois qu'il appelait, elle se précipitait ; mais depuis, l'enfant a grandi et il est bien assez grand pour venir demander à sa mère ce dont il a besoin. Sheila se fait l'effet d'être l'esclave de son fils et elle en conçoit du ressentiment.

Elle décide de faire appel au tandem indifférence/compliments. Lors d'une réunion familiale, elle déclare à son fils que, si celui-ci a besoin d'elle, s'il s'est fait mal ou a peur, elle accourra à son appel ; mais il est assez grand pour venir la voir s'il veut simplement lui montrer quelque chose. Elle l'avertit que dorénavant, quand il l'appellera, elle lui répondra en lui disant où elle est : *« dans la cuisine ! »* ou *« dans la chambre ! »* et l'enfant pourra venir la trouver.

Sheila se mit donc à l'œuvre avec enthousiasme mais éprouva des difficultés à faire preuve de persévérance. Parfois, elle oubliait et se dérangeait pour son fils. Parfois, elle se mettait en colère et lui criait :

— *Ne m'appelle pas, viens ici !*

Comme le comportement de la mère était incohérent, les appels du fils se multiplièrent ! J'ai donc demandé à Sheila de faire l'exercice ci-dessous, grâce auquel on peut prendre une deuxième habitude.

Ce qui l'aida le plus, ce fut de coucher par écrit la conduite de son fils et ses propres réactions à elle. Bientôt, Sheila fut en mesure de se reprendre si elle se surprenait à se déranger. Chaque fois que son fils l'appelait, elle répondait : *« dans la buanderie ! »*, etc. Ainsi, elle était sûre que, si l'enfant avait réellement besoin d'elle, il savait où la trouver. D'ailleurs, il arrivait à l'enfant de préciser : *« ce n'est rien ! »* ; parfois aussi, il accourait pour voir sa mère. Chaque fois qu'il le faisait, elle lui décernait un petit compliment : *« merci de m'avoir trouvé ! »* Et elle lui accordait sur-le-champ l'aide ou l'attention dont il avait besoin.

Pour en finir avec la déplorable habitude de son fils, Sheila avait elle-même à changer de conduite. Il fallait qu'elle fasse preuve de persévérance pour utiliser de façon efficace le tandem impassibilité/compliments.

Pour faire face à des comportements que vous déplorez et dont vous voudriez voir diminuer la fréquence, utilisez l'exercice ci-dessous, une deuxième habitude à prendre.

☞ EXERCICE
Une deuxième habitude à prendre

Tracez sur votre carnet quatre colonnes intitulées :

Comportement que je déteste	Comment je l'ai ignoré	Qu'ai-je complimenté ?	Quel compliment ai-je fait ?

Gardez votre carnet à portée de la main. Au jour dit, notez autant d'exemples que possible à propos de vos efforts pour rester impassible face aux mauvaises actions de votre enfant. Remplissez-en une demi-page. Remplissez-en la page entière. Plus vous vous entraînerez à utiliser cet outil, plus il deviendra efficace.

Nous pourrions imaginer pour le papa d'une fillette de neuf ans la page de son carnet comme suit (voir page suivante).

Relisez vos exemples.

Mettez-vous toutes les chances de votre côté ? (voir chapitre 9).

Êtes-vous continuellement à l'affût d'une occasion de complimenter l'enfant ?

Remarquez bien la façon dont le papa de l'exemple ci-dessus utilise le tandem indifférence/compliments.

1. Il s'est concentré sur la radio ou le téléphone.
2. Il a tourné son attention vers quelqu'un d'autre.

Comportement que je déteste	**Comment je l'ai ignoré**	**Qu'ai-je complimenté ?**	**Quel compliment ai-je fait ?**
bouder	écouter la radio	a demandé à me parler	assis auprès d'elle, j'ai essayé de la comprendre
elle m'a répondu quand je lui ai défendu de sortir tant qu'elle ne m'aurait pas aidé à faire la vaisselle	j'ai donné un coup de fil en lui tournant le dos	elle s'est excusée et a commencé à m'aider à faire la vaisselle	*« merci pour tes excuses »*, j'ai parlé avec elle et on a fait la vaisselle ensemble
taquiner son frère qui a eu un zéro en maths	j'ai consolé son frère	elle a dit à son frère qu'une mauvaise note pouvait se rattraper	je l'ai serrée dans mes bras *« je suis content que tu aies essayé de le consoler »*

3. Dès que l'enfant a adopté un comportement qu'il appréciait, le papa a tout de suite marqué le coup : avec des compliments (en paroles et en actions), en lui proposant son aide, sa sympathie et ses remerciements.

Quel que soit le membre de la famille qui prodigue son attention de façon positive, il aura une influence pour augmenter la fréquence des comportements désirables. Apprenez aussi bien aux adultes qu'aux autres enfants de la famille la puissance de l'indifférence. Demandez-leur leur aide quand vous vous heurtez à une habitude particulièrement indécrottable.

RÉSUMÉ

Le tandem indifférence/compliments n'est efficace que si vous l'utilisez avec persévérance, quotidiennement, pour les comportements auxquels vous voulez remédier. Ne vous découragez pas. Choisissez un comportement que vous n'aimez pas et entreprenez de l'ignorer. Louez le comportement que vous voudriez voir adopté par l'enfant et préparez-vous mentalement en vous bardant d'encouragements. Vos efforts auront des effets spectaculaires pour débarrasser l'enfant de ses mauvaises habitudes et lui en faire acquérir de merveilleuses.

13.

Gérer deux enfants ou davantage

Que vous le croyiez ou pas, deux ou plusieurs enfants peuvent être plus faciles à gérer qu'un seul. (Je n'ai pas dit moins bruyants, j'ai dit plus faciles à gérer !) Il vous suffit d'utiliser avec le groupe d'enfants le même outil indifférence/louange que vous auriez utilisé avec un seul enfant. Réfléchissez au nombre de fois où vous avez plus d'un enfant avec vous :

- d'abord, bien sûr, si vous avez plusieurs enfants ;
- à chaque visite de cousins ou d'amis ;
- lors des trajets faits en commun jusqu'à l'école, à l'église, à la mosquée ou pour aller prendre des leçons particulières ;
- lors des fêtes d'anniversaire ;
- pour aller à la garderie ou lorsque vous gardez les enfants de vos amis ;
- lors de repas amicaux improvisés ;
- lors de sorties à la plage ou au cinéma ;
- lors de réunions politiques, mondaines ou de quartier ;
- chaque fois que vous passez dans la classe de votre enfant.

Ces occasions se dérouleront d'autant mieux que vous vous rappellerez les règles simples suivantes :

1. Quand vous surprenez un enfant à faire quelque chose que vous appréciez, dites-le-lui : vite, un compliment !

2. Si un enfant fait quelque chose qui vous déplaît (à condition qu'il ne s'agisse pas d'un acte vraiment intolérable), faites comme s'il ne s'était rien passé.

3. Cherchez — et trouvez ! — un enfant qui se comporte de la façon dont vous le souhaitez et…

4. Adressez un compliment à ce dernier, tout en restant imperturbable face au comportement répréhensible de l'autre enfant.

5. Attendez encore et, dès que le chenapan se repent de sa mauvaise conduite, faites-lui un compliment.

▶ Un exemple :

Madame Médina emmène au cinéma ses enfants, Rosa et Sam, en compagnie de leurs amis Doris et Peter. Elle désire que les enfants :
— ne se battent pas ;
— attachent leurs ceintures de sécurité ;
— ne hurlent pas dans la voiture ni à l'intérieur du cinéma ;
— se tiennent par la main en traversant la rue.

Les comportements qu'elle réprouve sont les suivants :
— les coups ;
— le fait de se lever dans la voiture ;
— le fait de se chamailler ou de hurler ;
— le fait de galoper dans la rue.

Madame Médina fait comme si de rien n'était quand :
— Rosa déclare : *« Je hais les ceintures de sécurité »* ;
— Peter commence à hausser le ton ;
— Sam court sur le trottoir en avant du groupe ;
— Doris décide : *« Je ne veux pas m'asseoir à côté de mon frère, il pue »* ;
— les garçons commencent à échanger des coups.

Madame Médina cherche et trouve l'enfant qui se comporte de la façon dont elle le souhaite et lui adresse un compliment.

Voici les phrases qu'elle utilise :
— *Bravo, les garçons, d'avoir bouclé si vite vos ceintures de sécurité !*
— *Merci, Sam, de parler d'une voix normale !*
— *Rosa, merci de tenir la main de Doris ; je n'ai même pas eu besoin de te le rappeler !*
— *C'est bien, les filles, de ne pas vous battre !*

Au lieu de se lancer à la poursuite des enfants dans un cercle vicieux de bêtises, Madame Médina oriente le comportement des enfants en utilisant le tandem indifférence/compliments. Elle récompense les enfants sages en les complimentant sans faire peser la menace d'une punition. Bientôt, les filles bouclent leurs ceintures de sécurité. Peter parle d'une voix normale, les garçons arrêtent d'échanger des coups, Sam et Peter se tiennent par la main sur le trottoir.

Remarquez bien que la maman félicite tel enfant pour sa conduite sans la comparer à celle des enfants indisciplinés ; elle ne dénigre personne. Son intention est d'amener les désobéissants à se ranger, elle ne cherche pas à les dénigrer ni à les abaisser.

NE PAS DIRE : *« Doris et Rosa, vous ne pourriez pas boucler votre ceinture comme les garçons ? »*

MAIS DIRE : *« Sam et Peter, merci d'avoir bouclé si vite vos ceintures de sécurité ! »*

Quand on veut décourager telle ou telle inconduite, l'astuce consiste à trouver un enfant qui fait exactement le contraire :

• Un enfant n'a pas touché à ses petits pois, tandis que sa sœur en a mangé quelques-uns :
— *C'est bien d'avoir mangé ces petits pois, Martine !*

• Un enfant traîne pour s'habiller tandis que l'autre est déjà prêt :
— *Je vois que tu as déjà mis tes chaussures, Marc. Bravo !*

• Un enfant n'a pas encore rangé sa chambre tandis que l'autre a mis de l'ordre :
— *Nicolas, ta chambre a beaucoup d'allure ! Merci.*

• L'un des enfants hurle tandis que l'autre parle d'un ton à peu près tolérable :
— *Marius, merci de parler d'une voix normale !*

• Un enfant partage ses feutres avec le groupe tandis que l'autre les accapare :
— *Comme c'est gentil, Ludmilla, de prêter tes feutres !*

Dans des situations analogues, débrouillez-vous pour que le contrevenant entende votre compliment. Puis attendez en faisant semblant de ne pas remarquer l'indiscipline du premier ; mais dès que celui-ci change de conduite, accordez-lui votre attention positive, faites-lui un compliment.

☞ EXERCICE
Gérer deux enfants ou davantage

Choisissez un comportement que vous réprouvez et que vous souhaiteriez voir disparaître, mettant en jeu plusieurs enfants. Décidez quel est le comportement contraire.

La prochaine fois que vous tombez sur ce comportement détesté, faites comme si de rien n'était. Cherchez un enfant qui, lui, se comporte comme il se doit. Décernez-lui un compliment, puisqu'il se comporte comme vous le désirez.

▶ Exemple :

Quand vous appelez les enfants à table, l'un d'eux se fait en général prier ou proteste. Adressez un compliment à l'enfant qui obéit, ou tout au moins répond *«j'arrive !»*. Dites-lui simplement : *« Merci de venir si vite. »* N'accordez aucune attention à l'autre enfant. Ce dernier ne tardera pas à suivre l'exemple du précédent, car lui aussi souhaite bénéficier de votre attention.

Sur votre carnet, tracez trois colonnes intitulées comme suit :

Comportement que je désire obtenir d'un enfant	Compliment que j'adresse à l'autre enfant	Ce qui s'est passé après

Chaque fois que vous tentez d'orienter le comportement d'un enfant en adressant un compliment à un autre, ajoutez une entrée à votre liste. Par exemple :

Comportement que je désire obtenir de Léa	**Compliment que j'adresse à Clotilde**	**Ce qui s'est passé après**
Arrêter de patauger dans les flaques	*« Merci de contourner les flaques »*	Léa remarque : *« Maman, regarde, je saute par-dessus les flaques ! »*

En peu de temps, vous ne pourrez plus vous passer de cette méthode. Vous prendrez l'habitude de concentrer votre attention sur les conduites rangées et non pas sur les bêtises. Vous serez plus calme pour vous sortir de situations autrefois tendues. Continuez à vous entraîner jusqu'à ce que cette nouvelle technique devienne pour vous une seconde nature : ignorer l'un en louant l'autre.

RÉSUMÉ

Dans un groupe de deux enfants ou davantage, louez la conduite qui vous plaît afin d'amener les autres enfants à imiter ce petit modèle. Bien sûr, dès que les chenapans se convertissent, décernez-leur un compliment.

Mais souvenez-vous, jamais de comparaisons peu flatteuses.

NE PAS DIRE :

Regarde, Max, comme Benoît fait bien les choses !

DIRE PLUTÔT :

Benoît, c'est très bien, ce que tu fais !

QUATRIÈME ÉTAPE :

GÉRER LES MOTIVATIONS

Dans cette section, je propose quatre façons de susciter les motivations des enfants. Ces techniques visent à assouplir l'enfant et à dédramatiser les circonstances dans lesquelles vous voulez lui faire exécuter une corvée ou un travail. Vous pouvez lui donner un choix à faire, le prévenir ou lui promettre une récompense : ce sont trois outils simples qui valent infiniment mieux que des reproches véhéments, et se révèlent beaucoup plus efficaces.

Quant au tableau d'honneur, c'est un programme s'étendant sur plusieurs semaines et concernant les heures difficiles de la journée : à savoir les minutes précédant le départ à l'école et la mise au lit. Mais cette technique induit aussi une meilleure atmosphère tout au long de la journée.

Plus vous obtiendrez l'adhésion pleine et entière de l'enfant, moins vous aurez à lui donner d'ordres ou à vous montrer sévère (cinquième étape).

14.

Offrir un choix

Un choix consiste à offrir à l'enfant deux ou plusieurs options ; il faut qu'il en prenne une. En offrant un choix à l'enfant au lieu de lui donner un ordre direct, vous gardez la communication ouverte. Toute la journée, l'enfant ne fait qu'obéir à des ordres ; quand on lui donne un choix, cela laisse une certaine marge à son initiative. Pourquoi ne pas le rendre un peu plus maître de sa vie en lui donnant de temps en temps un choix à faire. Voici quelques exemples :

• Vous voulez que votre enfant enfile son pyjama avant de se coucher :

— *Quel pyjama as-tu envie de mettre ? Le rose ou le rayé ?*

SOUS-ENTENDU : c'est l'heure de mettre ton pyjama.

• Vous voulez que votre enfant vide la poubelle :

— *Tu préfères vider la poubelle maintenant ou après le petit déjeuner ?*

SOUS-ENTENDU : il faut que tu vides la poubelle ce matin.

• Vous voulez que votre enfant enfile ses chaussures pour partir à l'école :

— *Tu préfères mettre tes chaussures toi-même ou que je t'aide à le faire ?*

SOUS-ENTENDU : il faut que tu mettes tes chaussures.

La plupart des enfants éprouveront moins de difficulté à obéir s'ils ont leur mot à dire ; dès que l'enfant a exprimé sa décision, faites-lui un petit compliment, un simple *« Merci ! »* ou *« Bon choix ! »*

Votre enfant peut bien sûr évoquer une troisième possibilité. Si elle vous semble acceptable, acceptez ; dans le cas contraire, réitérez votre offre.

L'enfant peut réagir en vous défiant :

— *Je ne veux ni l'un ni l'autre.*

Dans ce cas, il vous faut simplement réitérer votre offre. S'il persiste à refuser de choisir, vous serez peut-être obligé de dire :

— *Dans ce cas, je vais choisir à ta place.*

Restez calme, neutre. Décernez-lui un compliment dès que vous arrivez enfin à un accord.

▶ Par exemple :

Le papa : *Il fait joliment froid ce soir. Tu préfères mettre ton pull ou ta veste ?*

Jules : *Ni l'un ni l'autre !*

Le papa : *Ton pull ou ta veste ?*

Jules : *Je n'ai envie de rien mettre : je n'ai pas froid !*

Le papa : *Si tu ne te décides pas, je vais décider à ta place.*

Jules : *Bon, bon, d'accord ! Et si je mettais mon chandail ?*

Le papa : *D'accord pour le chandail, Jules. Merci.*

Comme, dans notre exemple, la soirée est particulièrement froide, le père offre à son fils le choix entre enfiler un pull et une veste. Sous-entendu : *« Il faut que tu t'habilles chaudement ce soir. »* Face au choix donné, Jules se montre récalcitrant.

Son papa :
1. réitère son offre ;
2. prévient l'enfant que, s'il ne veut pas donner son avis, on s'en passera ;
3. accepte une troisième option proposée par l'enfant, car elle est réaliste.

Si l'enfant, quel que soit son âge, proteste ou fait un caprice, restez impassible jusqu'à ce qu'il se calme et réitérez votre offre. Si l'enfant persiste dans sa mauvaise volonté, ayez recours à une des punitions de la cinquième étape.

☞ EXERCICE
Offrir des choix

Identifiez un comportement que vous désirez obtenir de l'enfant. Au lieu de lui dire ce qu'il a à faire (en lui donnant un ordre), offrez-lui un choix. Souvenez-vous que votre offre sous-entend ceci : l'enfant doit choisir.

Si l'enfant choisit une troisième solution que vous jugez acceptable, tant mieux. S'il refuse de choisir, menacez-le de choisir à sa place et faites-le.

Restez calme. Réitérez votre offre s'il tente de détourner la conversation avec des sarcasmes, des commentaires ou des discutailleries. Quand il choisit ou commence à obéir, décernez-lui un compliment.

RÉSUMÉ

Quand vous voulez faire faire quelque chose à votre enfant, offrez-lui le choix entre deux options. Quand il choisit, complimentez-le. S'il suggère une troisième solution, acceptez-la autant que possible, si vous la jugez réaliste.

Le choix sous-entend que votre enfant doit entrer dans le jeu. Ne manquez jamais de lui faire compliment quand il choisit ou commence à obéir.

DINER dans 5 Minutes
Maman

15.

Annoncer à l'avance

Annoncer à l'avance, c'est prévenir l'enfant qu'il va bientôt recevoir un ordre. Il lui faudra alors quitter ce qu'il est en train de faire et commencer autre chose.

Personne n'aime à être interrompu. Des enfants en train de jouer n'aiment pas qu'on leur dise :

— *Arrête de jouer et viens dîner.*

Au demeurant, le fait de prévenir l'enfant l'aide à se préparer à la transition. Il est soulagé d'apprendre qu'il lui reste encore un peu de temps pour jouer. Il acceptera plus facilement l'ordre final, quelques minutes plus tard.

▶ Exemples :

- **Le papa** : *Tu descends encore trois fois le toboggan et après, on rentre à la maison.*

(Trois glissades plus tard) *David, il est temps de rentrer maintenant.*

- **La maman** : *Suzanne, dans cinq minutes, il faudra préparer ton cartable pour l'école.*

(Cinq minutes plus tard) *Suzanne, c'est l'heure de préparer ton cartable.*

Si l'enfant répond *« D'accord, maman ! »*, tout va bien. *« D'accord »* représente un acquiescement. Bien sûr, l'enfant a toujours les yeux rivés sur son écran de télévision, sur son jeu électronique ou sur sa console vidéo ; peut-être que son acquiescement ne présenterait pas toutes les garanties exigées devant un tribunal, mais remerciez-le quand même : *« Merci ! »*

Chaque fois que vous devez interrompre votre enfant, prévenez-le. Parfois, vous essuierez résistance et protestations, mais, en général, votre enfant fera preuve de plus de souplesse si vous lui dites à l'avance que si vous lui tombez dessus avec un oukase de dernière seconde.

☞ EXERCICE
Annoncer à l'avance

Définissez clairement la conduite que vous désirez obtenir de votre enfant. Au lieu d'attendre le moment où l'enfant doit exécuter la tâche, prévenez-le cinq, dix ou — au maximum — quinze minutes avant. Pour un enfant de moins de cinq ans, ne comptez pas le temps, mais des événements :

— *Encore trois glissades...*

Quand c'est l'heure, donnez votre ordre. Exemples :

- Vous voulez qu'Alice s'arrête de jouer, car c'est l'heure de prendre sa douche. Vous sortez sur le seuil et annoncez :

— *Alice, dans un quart d'heure, tu iras prendre ta douche.*

Un quart d'heure plus tard :

— *Alice, viens prendre ta douche maintenant.*

- La chambre de votre enfant est en désordre, et il est en train de regarder la télévision. Vous lui dites :

— *Michel, dans dix minutes, ce sera l'heure d'éteindre la télévision et d'aller ranger ta chambre.*

Dix minutes plus tard :

— *C'est l'heure d'aller ranger ta chambre, Michel.*

- Vous désirez que vos enfants exécutent certaines tâches domestiques, mais ils sont en train de jouer aux cartes. Vous les prévenez :

— *A la fin de cette partie, ce sera l'heure d'aller faire les corvées.*

Quelques minutes plus tard :

— *Maintenant que vous avez fini votre partie, c'est l'heure d'aller faire les corvées.*

Si votre enfant n'obéit pas au tandem annonce/ordre, utilisez les punitions décrites en cinquième étape.

RÉSUMÉ

- Une annonce consiste à prévenir l'enfant qu'il va bientôt devoir changer d'activité.
- Prévenez-le cinq, dix ou quinze minutes avant l'heure où il devra cesser de jouer. Quand le moment est venu, appelez-le.
- Faites-lui un compliment au moment où il obéit.

CAMILLE

16.

La technique de la carotte

La deuxième façon de se faire obéir sans douleur consiste à faire à l'enfant une promesse. C'est une technique douce pour obtenir l'adhésion de l'enfant : en échange de son obéissance, il obtient une récompense. Vous n'avez pas besoin de ramper à ses pieds pour le faire obéir car c'est à lui de choisir s'il décide d'obtenir la récompense ou non. Si l'enfant décide de ne pas s'exécuter ou qu'il met toute l'après-midi pour le faire, c'est son problème. Le seul effet de son refus sera la perte de ce privilège.

Par privilège, j'entends le droit de faire ou d'avoir quelque chose qu'il convoite et que ses parents sont disposés à lui accorder. Ce peut être n'importe quel objet ou n'importe quelle permission qui semble équitable aux deux parties : vous et l'enfant. Son poids dans la négociation dépend de son importance aux yeux de l'enfant. Un petit enfant acceptera volontiers de ranger ses jouets en échange du droit de vous accompagner faire des courses. D'autres idées de récompense :

- *Quand tu seras habillé, tu pourras regarder la télévision.*

- *Quand tu auras enfilé tes socquettes et tes chaussures, tu pourras aller jouer dehors.*
- *Quand tu parleras d'une voix normale, je t'écouterai.*
- *Quand tu seras d'accord pour partager le jeu avec ta sœur, tu pourras jouer de nouveau.*
- *Quand tu seras installé dans ton siège auto, je te conduirai au parc.*
- *Quand tu auras fini tes devoirs, je t'emmènerai à la bibliothèque.*

Utilisez ce type de « carotte » quand l'enfant demande un privilège ou que vous voulez lui fournir une motivation pour exécuter une tâche.

Exemple où l'enfant a l'initiative :
Ginette : *Papa, puis-je sortir faire du vélo ?*
Le papa : *Bien sûr, Ginette. Mais range d'abord le puzzle que tu as laissé en plan.*

Exemple où les parents ont l'initiative :
La maman : *Quand tu auras rangé ta chambre, tu pourras aller inviter ton amie.*

Pour éviter que ce genre de négociation ne s'envenime, il vous faut rester calme, faire la sourde oreille à toutes les tentatives de diversion ou de traînailleries et adresser un compliment à l'enfant dès qu'il commence à exécuter la tâche convenue. Il vous faut également être sûr de pouvoir donner immédiatement l'objet (bonbon, argent, etc.) ou la permission (pique-nique, bibliothèque, galerie de jeux vidéo, etc.) que vous avez promis. Il ne s'agit pas nécessairement d'une récompense, ce peut être tout simplement une activité à laquelle l'enfant a envie de se livrer.

L'enfant est libre de refuser ou d'exécuter la tâche à

la vitesse d'un escargot. Au début, quand vous n'êtes pas familiarisé avec cet outil, choisissez des tâches qui ne revêtent pas d'importance majeure à vos yeux. Il vous sera ainsi plus facile de garder votre calme (au fond, cela vous est égal que l'enfant accepte ou refuse) et l'enfant comprendra clairement qu'il a toute liberté d'accepter ou de refuser l'accord.

☞ EXERCICE **Apprendre à manier la carotte**

Quand votre enfant vient vous trouver avec une demande et que vous aimeriez de votre côté lui faire faire une chose (corvée, course, service…), utilisez la technique de la carotte : vous agréerez sa demande une fois qu'il aura exécuté la tâche. Peut-être le harceliez-vous depuis un moment pour qu'il la fasse…

Réciproquement, s'il y a une tâche que vous aimeriez faire faire à l'enfant et que vous avez sous la main un privilège à lui accorder en échange, proposez-lui de conclure un accord. Restez calme et neutre ; s'il proteste, ajoutez simplement :

— *C'est à toi de voir. Quand tu auras fini, tu feras ce que tu voudras.*

Si l'enfant refuse l'accord et que, plus tard, vous avez absolument besoin de lui faire faire la corvée en question, utilisez les outils décrits en cinquième étape.

Comme toujours, assurez-vous que vous pouvez récompenser l'enfant sur le moment.

RÉSUMÉ

La technique de la carotte consiste à proposer à l'enfant un accord en vertu duquel il aura droit à une récompense s'il exécute telle ou telle tâche. Cette technique peut être utilisée soit quand l'enfant demande une permission, soit quand vous souhaitez lui fournir une motivation pour exécuter telle ou telle corvée. La seule punition qu'il encourra s'il refuse de souscrire à l'accord, c'est l'abandon de la récompense en question. N'oubliez pas de lui faire un compliment s'il exécute la partie de l'accord qui le concerne.

TABLEAU D'HONNEUR
DE SARAH

17.

Le tableau d'honneur

La technique du tableau d'honneur vous permet d'augmenter ou de diminuer la fréquence de certains comportements à certaines heures du jour, et notamment le matin ou au coucher.

C'est un tableau destiné à être affiché ; y figurent cinq ou six actions que vous aimez et que vous souhaiteriez voir votre enfant faire plus souvent. Cette méthode convient à des enfants âgés de trois ans et demi à douze ans ; elle contribue à motiver l'enfant et, en quelques semaines, permet de mettre de l'ordre dans le pire chaos.

Voici comment fonctionne le tableau d'honneur :

1. Vous choisissez un certain nombre de choses que votre enfant doit faire tous les jours.

2. Pendant dix jours, vous observez secrètement votre enfant et tenez le compte de ses succès. Quand vous avez la certitude que le tableau correspond au stade de développement de votre enfant, vous installez officiellement le tableau.

3. Vous le rédigez en y faisant figurer par quelques mots, un dessin ou un autocollant les différents actes visés. Vous présentez le tableau à l'enfant lors d'une brève réunion familiale.

4. Vous affichez le tableau là où le souhaite l'enfant. Les titres ou les dessins rappellent à l'enfant ses devoirs, sans que vous ayez besoin de le harceler.

5. Dès que votre enfant exécute l'une des tâches, vous le récompensez sur-le-champ en ajoutant sur le tableau une croix, un autocollant, une étoile ou un petit visage hilare.

6. En fin de journée, vous prenez un moment pour vous asseoir avec votre enfant, compter les étoiles et lui adresser vos compliments. A la fin de la semaine, votre enfant aura droit à une petite récompense ou à un jouet bon marché.

7. Minimisez les échecs, ne vous attardez pas dessus. Insistez seulement sur les superbes réussites de l'enfant.

8. En quelques jours, l'enfant prendra l'habitude d'exécuter ponctuellement toutes les tâches de bon cœur, parfois avec enthousiasme.

9. Le tableau d'honneur est efficace car il est positif de A à Z : pas de harcèlement, pas de punitions ni de menaces ; simplement une grande attention et des avalanches de félicitations.

▶ **Exemple** de tableau pour un enfant de quatre ans :

ACTIONS	Lu	Mar	Mer	Jeu	Ven
Au bain à 18 h 30 avec l'aide de maman					
Sorti du bain à 18 h 50 avec l'aide de maman, après deux rappels					
Pyjama enfilé tout seul à 19 h 00					
Dents brossées à 19 h 10 avec l'aide de papa					
Écoute son histoire au lit jusqu'à 19 h 25					
Extinction des feux (sauf veilleuse) à 19 h 30					

Comment choisir les actions à mentionner dans le tableau ?

1. Choisissez un moment de la journée particulièrement difficile dans votre famille. En général, on choisit la bousculade du départ à l'école, l'heure des devoirs après le retour de l'école ou encore le moment, toujours pénible, du coucher.

2. Choisissez trois actions que votre enfant exécute de bon cœur chaque jour (quatre ou cinq jours par semaine).

3. Choisissez deux actions que votre enfant exécute de temps à autre à la même heure (deux ou trois jours par semaine).

4. Choisissez une action que votre enfant refuse toujours ou presque toujours de faire à cette heure-là.

► Voici un **exemple** de tableau d'honneur pour un enfant de dix ans :

• Trois actions qu'il fait de bon cœur :
— sortir du lit ;
— préparer son cartable pour l'école ;
— prendre son petit déjeuner et donner à boire au chat.

• Deux actions qu'il fait de temps en temps :
— finir de s'habiller avant le petit déjeuner ;
— être prêt à partir avant 8 h 04.

• Une action qu'il ne fait que rarement :
— nettoyage du visage, des dents et des mains (y compris les ongles).

Disposez ces actions sur le tableau en ordre chronologique. Cependant, appliquez-vous à prendre la tâche la plus difficile en sandwich entre deux autres que l'enfant accepte de bonne grâce ; les compliments que lui vaudront les actions faciles l'encourageront à exécuter les plus difficiles. Voici un autre exemple :
— debout à 6 h 50 ;
— habillé avant le déjeuner à 7 h 05 ;
— donne à manger et à boire aux chats avant 7 h 35 ;
— prépare son cartable pour l'école avant 7 h 45 ;
— lavage du visage, des dents et des mains (y compris les ongles !) avant 8 h 00 ;
— départ avant 8 h 04.

En choisissant l'ordre des actions à porter sur le tableau, ne vous conformez pas nécessairement à vos habitudes établies. Faites preuve de créativité. Procédez par essais successifs de façon à optimiser la bonne volonté de l'enfant. Dans notre exemple, nous avons supposé que l'enfant prépare volontiers son cartable, ce qui lui vaudra un compliment avant d'affronter l'article suivant, le redoutable lavage « du visage, des dents et des mains, y compris les ongles ». Il y a plus de chances pour qu'il accepte de se laver (bien qu'il déteste ça) après avoir préparé son cartable et reçu le compliment.

Pour certaines de ces actions, votre enfant a-t-il besoin d'aide ? Si oui, précisez sur le tableau l'aide dont il a besoin, et de la part de qui. Par exemple, un jeune enfant peut avoir pour tâche : « se brosser les dents avec l'aide de papa ».

Votre enfant aura-t-il besoin qu'on lui rappelle un ordre une ou deux fois ? A quoi peut-on raisonnablement s'attendre de la part d'un enfant de son âge ? Un article du tableau peut par exemple s'énoncer ainsi : « se laver avant 6 h 50, avec deux rappels ». Enfin, mentionnez l'heure à laquelle l'action doit être terminée. Inscrivez sur le tableau les six actions que vous avez choisies. Voici cet exemple de tableau du matin pour un enfant de dix ans (voir page suivante).

Remarquez que chaque article du tableau comporte l'heure à laquelle il doit être fini, ainsi que l'aide et les rappels dont l'enfant a besoin. Remarquez également que les tâches les plus difficiles sont intercalées entre deux actions que l'enfant fait volontiers.

Vous me demanderez : « Et où sont toutes les autres actions ? Il n'y a dans tout le tableau qu'une seule tâche toujours ou presque toujours refusée ! »

Il y a trois raisons pour cela : d'abord, il vous faut « truquer la donne » en faveur de votre enfant. Le tableau d'honneur doit être suffisamment facile pour

ACTIONS	Lu	Mar	Mer	Jeu	Ven
Debout avant 6 h 50					
Habillé et présent au petit déj. avant 7 h 05					
Donne à manger et à boire aux chiens et chats avant 7 h 35					
Cartable prêt avant 7 h 45 (y compris argent de poche pour le goûter et tout ce qu'il y a à signer)					
Lavage du visage, des dents et des mains (y compris les ongles !) avant 8 h 00					
Sortie avant 8 h 04 sans rappel					
Objectif : Jour de paie : Total gagné sur la semaine :					

garantir le succès. En second lieu, il s'agit d'un jeu : l'atmosphère créée par le tableau d'honneur rend votre enfant de meilleure humeur à ce moment critique de la journée. Tout son comportement (les actions mentionnées dans le tableau d'honneur et les autres…) tend à s'améliorer. En troisième lieu, vous pouvez chaque semaine remplacer une action que votre enfant exécute volontiers par une autre plus difficile.

PHASE DE MISE AU POINT

Pour assurer le succès de l'enfant, il faut commencer par mettre au point le tableau avec soin. Pendant cette phase préparatoire, ne dites rien à l'enfant mais comptez secrètement le nombre de fois où il exécute telle ou telle action. A mon cabinet, je demande à mes clients d'observer leur enfant pendant deux semaines (hors week-ends) avant de dévoiler l'affaire.

J'insiste pour qu'ils prennent des notes pendant dix jours ouvrables consécutifs.

Quand l'enfant exécute telle action, marquez une croix dans la case correspondante. Quand il échoue, marquez un 0. Sans parler du tableau d'honneur, continuez à féliciter l'enfant pour chacune de ses réussites. Ignorez ou montrez peu d'intérêt pour les désobéissances, à moins que la situation ne devienne intolérable. Dans ce cas, utilisez les punitions décrites à la cinquième étape.

A la fin de chaque semaine, calculez le taux de succès de l'enfant, c'est-à-dire le pourcentage des actions menées à bonne fin. Par exemple, pour un tableau de six tâches et cinq jours, la note maximum est de 30. Si votre enfant a moins de 15 (soit moins de 50 % de réussite), les actions choisies sont trop difficiles. Remplacez-en quelques-unes par d'autres plus faciles. Continuez à tenir vos comptes jusqu'à acquérir la certitude que l'enfant réussira au moins 50 % des actions.

Si le taux de réussite est supérieur à 80 % (24 actions menées à bonne fin), peut-être le défi est-il trop simple. Remplacez telle ou telle action facile par une autre plus exigeante, soit tout de suite, soit au bout d'une semaine ou deux.

Si votre enfant atteint ou dépasse les 90 % (27 actions), choisissez-en de plus difficiles ou abandonnez tout de bon l'idée du tableau d'honneur ! Tout ce dont vous aviez besoin, c'était sans doute de vous organiser un peu mieux, et de savoir ce qu'au juste vous attendiez de l'enfant. Complimentez-le un peu mieux chaque fois qu'il fait ce que vous lui dites et il n'aura sans doute pas besoin de motivation supplémentaire.

MISE EN PLACE

Asseyez-vous un moment avec l'enfant et présentez-lui le tableau d'honneur avec ses six actions décrites avec des mots ou des dessins. Expliquez à l'enfant que vous avez rédigé ce tableau pour l'aider à mieux faire : chaque fois qu'il réussira une des actions citées, vous dessinerez une étoile dans la case correspondante. S'il échoue, vous laisserez la case vide. Expliquez-lui que chaque soir, vous compterez ensemble le nombre d'étoiles qu'il a gagnées.

Au lieu de dessiner des étoiles, vous préférerez peut-être utiliser des autocollants, des décalcomanies, des étoiles en papier d'aluminium ou une simple croix au feutre. Demandez-lui son avis quant à la façon dont on peut remplir les cases.

Faites choisir à l'enfant l'endroit où l'on accrochera le tableau. Beaucoup choisissent le frigidaire qui est au centre de la vie familiale : là, on ne risque pas de l'oublier. Un enfant plus âgé éprouvera peut-être l'envie de garder le tableau confidentiel : accrochez-le dans sa chambre ou gardez-le dans le tiroir de sa commode. Le tableau d'honneur doit être un moyen d'encourager l'enfant mais il ne doit pas devenir une obsession : il ne faut pas que les parents s'en servent comme d'un outil de harcèlement.

Quand l'enfant réussit une action, complimentez-le et collez immédiatement la petite étoile à sa place. Dites-lui par exemple : *« Voilà, je mets ton autocollant parce que tu t'es levé dès que je t'ai appelé. Bravo ! Est-ce que tu veux le coller toi-même ? »*

Si l'enfant échoue, faites comme si de rien n'était, dans la mesure du possible. De toute évidence, certaines actions sont absolument nécessaires, faute de quoi l'enfant ne partira jamais à l'école à l'heure. Si vous n'avez pas le choix, utilisez les punitions citées à la cinquième étape et laissez la case vide : cela prouve que le rappel amical que constitue le tableau n'a pas suffi à motiver l'enfant.

Si celui-ci est déçu d'avoir raté telle ou telle action et tente d'obtenir son étoile quand même, contentez-vous de répondre : *« Demain, tu auras une nouvelle chance de réussir. »* Attirez toujours l'attention de l'enfant sur ses réussites.

QUELLES RÉCOMPENSES CHOISIR

En fin de journée, comptez avec l'enfant le nombre d'étoiles qu'il a gagnées. Pour tous les jeunes enfants et la plupart des plus grands, l'autocollant assorti d'un compliment suffira amplement comme récompense. Dites à votre enfant : *« C'est bien, mon grand ! Tu as gagné trois autocollants aujourd'hui ! »* Communiquez la bonne nouvelle aux autres adultes de la maisonnée. Invitez l'enfant à mettre au courant ses grands-parents, son oncle ou sa tante par téléphone. Pour chaque réussite, vous pouvez également donner à l'enfant un jeton qu'il pourra échanger le samedi suivant contre un cadeau ou un petit jouet. Ces petites récompenses hebdomadaires peuvent consister en :

- une visite à la bibliothèque (éventuellement au moment d'une projection vidéo) ;
- la location d'une vidéocassette ;
- un pique-nique dans le jardin ;
- une sortie au parc ;
- une nuit chez un ami ;
- une promenade ensemble ;
- l'invitation d'un ou deux amis pour une occasion spéciale : confection d'un tableau, construction d'une maisonnette en carton, etc.
- une cuisson de biscuits.

Il n'est pas conseillé de faire à l'enfant de cadeaux coûteux à cette occasion. Si tel jouet est trop cher et exige un nombre trop important de succès étalés sur une longue période, l'enfant risque de se décourager. Certains parents s'aperçoivent que l'enfant apprécie surtout les surprises. Ils enveloppent quelques articles bon marché dans du papier cadeau et laissent l'enfant choisir lui-même.

EST-CE UN APPEL À LA VÉNALITÉ ?

Beaucoup de parents s'inquiètent et craignent de corrompre l'enfant en « achetant » sa bonne conduite. Au début, les enfants s'imaginent peut-être qu'ils exécutent telle ou telle corvée ou font telle action dans le seul but de gagner leur jeton, leur autocollant ou leur cadeau. Mais en fait, ils le font pour une motivation beaucoup plus humaine, pour obtenir le compliment qui accompagne le jeton.

J'ai découvert l'importance du compliment et, corrélativement, le peu d'importance de la récompense quand une maman s'inscrivit à une de mes sessions pour se plaindre que les tableaux d'honneur et les récompenses ne marchaient pas avec ses enfants. Sa fille avait décroché toutes ses étoiles la première semaine, mais pas la semaine suivante. J'ai alors demandé à la maman :

— *Que disiez-vous à Éliane en lui remettant son autocollant ?*

— *Voilà ton autocollant !* me répondit-elle.

Manquaient compliments et encouragements. Pas de sourire, pas de regard direct, pas de commentaire sur les efforts de l'enfant. Quand la maman modifia son comportement et décerna un compliment à chaque autocollant, elle se mit à obtenir d'excellents résultats avec son tableau d'honneur.

Si votre enfant n'exécute des corvées ou n'offre son aide qu'en échange d'argent ou de récompenses, ne suggérez même pas la possibilité de récompenses concrètes autres que celle de l'autocollant. Cela signifie en effet que votre enfant n'a pas tant besoin de récompenses matérielles que d'encouragements moraux. Contentez-vous de lui décerner des compliments par des phrases ou autres manifestations de sympathie.

N'utilisez pas le tableau d'honneur trop longtemps. D'ailleurs, au bout de trois ou quatre semaines, l'enfant aura tendance à exécuter toutes les actions du tableau sans que vous ayez grand besoin de les lui rappeler, et sans autre encouragement que vos compliments. L'habitude est prise. Plus tard, les parents recommenceront à utiliser de nouveau le tableau d'honneur si le besoin s'en fait sentir. Le tableau d'honneur se montrera particulièrement utile comme emploi du temps et rappelle qu'il faut forcer sur les compliments lorsque la vie familiale est perturbée par des vacances ou des maladies. Si vous vous mettez d'accord là-dessus avec votre enfant, vous pouvez continuer à utiliser le tableau d'honneur assez longtemps, en remplaçant chaque semaine une action par une autre. Veillez à conserver un équilibre entre les actions faciles et les autres.

Un mot à propos des frères et sœurs. La plupart des enfants aiment beaucoup jouer avec le tableau d'honneur : si un de leurs frères ou sœurs en a un, les autres aussi en voudront un pour chacun. Plus on est de fous, plus on rit. Veillez à ce que les actions inscrites au tableau d'honneur soient réalisables, adaptées à l'âge de l'enfant et accessibles sans effort excessif.

RÉSUMÉ

Le tableau d'honneur est affiché pour rappeler à l'enfant ses devoirs sans le harceler ; aux parents, il rappellera la nécessité impérieuse de décerner des compliments à l'enfant chaque fois qu'il réussit une action.

Vous pouvez utiliser le tableau d'honneur pour rendre les relations familiales plus saines et plus détendues surtout aux moments délicats de la journée : le matin, à la fin de l'après-midi et pendant la soirée.

L'efficacité du tableau d'honneur tient à ce que :

1. vous choisissiez des actions que l'enfant est capable de réussir ;

2. vous évaluiez intelligemment l'aide et les rappels dont l'enfant a besoin pour réussir ;

3. vous intercaliez les actions du tableau de façon à ce que le compliment acquis à la suite d'un succès facile serve d'encouragement pour la tâche (difficile) suivante ;

4. vous récompensiez chaque succès avec des compliments et des encouragements, tout en fermant les yeux sur les omissions et désobéissances.

Pour mettre en place un tableau d'honneur, il faut :

- **UNE PÉRIODE DE MISE AU POINT**

— Choisissez les actions (pas plus de six).
— Disposez-les en ordre chronologique, de façon à ce que le succès d'une action appelle le succès de la suivante.
— Précisez pour chaque action combien de rappels et quel genre d'aide vous estimez nécessaires, et l'heure à laquelle l'action doit être achevée.
— Observez et notez succès et échecs pendant dix jours ; quand votre enfant réussit régulièrement 50 % des actions, vous pouvez démarrer.

- **DÉMARRAGE**

— Asseyez-vous un moment avec l'enfant et présentez-lui le tableau d'honneur.
— Expliquez à l'enfant que le tableau d'honneur lui permettra d'avoir moins de problèmes chaque matin.
— Dites-lui que, pour chaque action qu'il aura menée à bonne fin, il aura droit à une étoile dans la case correspondante ; en cas d'échec, vous laisserez la case vierge.
— Expliquez-lui que, chaque soir, vous compterez ensemble le nombre d'étoiles qu'il a gagnées.
— Faites choisir à l'enfant l'endroit où sera affiché le tableau.
— Dès qu'une action est menée à bonne fin, donnez l'autocollant à l'enfant avec un petit compliment.
— Si l'enfant est assez grand, donnez-lui en même temps un jeton qu'il pourra encaisser le samedi suivant pour s'acheter une récompense.
— Chaque soir, asseyez-vous un moment avec l'enfant et comptez ensemble le nombre total d'étoiles qu'il a gagnées.
— Communiquez les résultats à tous les adultes de la maisonnée.

Utilisez le tableau d'honneur pour motiver l'enfant.

Dès qu'il réussit une action, accordez-lui tout de suite votre attention positive.

Si l'enfant n'achève pas telle action dans le délai prescrit, faites comme si de rien n'était (dans toute la mesure du possible). Si c'est vraiment nécessaire, ayez recours aux punitions décrites en cinquième étape et laissez vierge la case correspondante du tableau d'honneur.

Si votre enfant est déçu de n'avoir pas obtenu son autocollant, contentez-vous de lui dire : *« Demain, tu auras une autre chance de l'obtenir. »*

Détournez l'attention de l'enfant vers les succès qu'il a déjà obtenus.

Accompagnez chaque succès de nombreux compliments et, si vous le désirez, de récompenses hebdomadaires.

CINQUIÈME ÉTAPE :

FIXER DES BORNES

Vous avez un enfant : il vous revient donc de lui assigner les limites dont il a besoin et — même s'il ne s'en rend pas compte — qu'il désire. Pour se sentir en sécurité dans le monde, il a besoin de savoir que son papa et sa maman ont les choses en main. Vous n'avez pas seulement le droit, vous avez aussi le devoir de vous imposer et de fixer des limites à ses écarts de conduite.

Au cours de cette section, vous apprendrez des techniques destinées à assigner des bornes aux méfaits intolérables de l'enfant. Vous verrez également comment appliquer les méthodes apprises au cours des leçons précédentes, afin de réduire la fréquence des écarts de conduite insupportables. Vous apprendrez à donner des ordres, vous apprendrez la méthode du disque rayé, vous apprendrez à distribuer avertissements et punitions, vous découvrirez ce que sont le piquet, les réunions de famille et l'art de fixer des bornes en public. Toutes ces méthodes vous aideront à réagir de façon cohérente et systématique aux grosses bêtises de l'enfant, afin d'entretenir chez vous une atmosphère détendue.

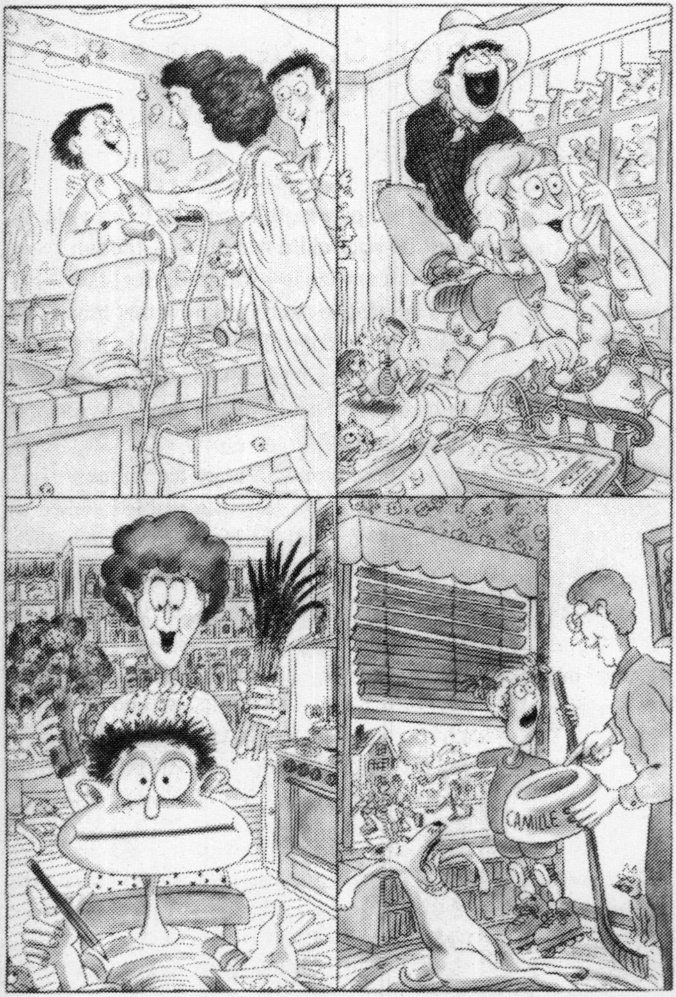
CAMILLE

18.

Utilisation des techniques précédentes

Ce n'est pas drôle d'aboyer des ordres du matin au soir. Cependant, il faut bien reconnaître que, parfois, nous nous comportons comme des sergents instructeurs. Avons-nous le choix ? Si nous nous montrons trop laxistes, on ne nous accusera pas de méchanceté mais nos enfants risquent de devenir influençables, sujets à toutes les manipulations et incapables de discipline personnelle. Avez-vous vraiment envie d'avoir vos enfants dans votre lit toute la nuit ? de les voir en pyjama jusqu'à midi ? qu'ils arrivent en retard à l'école (et vous en retard au travail) ? Qu'ils ne se couchent pas avant minuit ? Si la réponse à l'une des questions précédentes est non, c'est qu'il vous faut apprendre à fixer des limites. La première étape dans l'élimination des conduites intolérables consiste à appliquer les techniques que nous avons vues plus haut dans ce livre.

Vous avez appris à observer la conduite de l'enfant et à trier ses actions en trois catégories : celles que vous aimez, celles qui vous déplaisent et celles que vous jugez inadmissibles.

Vous avez appris à augmenter la fréquence des

comportements qui vous plaisent en accordant à votre enfant votre attention positive, en lui décernant des compliments.

Vous avez appris à diminuer chez votre enfant la fréquence des comportements qui vous déplaisent en feignant l'indifférence.

Vous avez appris à motiver votre enfant au lieu d'exiger de lui des résultats : vous savez comment le prévenir, lui offrir des choix et des récompenses.

Grâce au tableau d'honneur, vous avez appris à instaurer une atmosphère plus détendue à l'heure des corvées et dans les moments difficiles de la journée.

Avant de vous présenter les outils destinés à fixer des bornes aux écarts de conduite de l'enfant, je dois insister de nouveau sur l'importance de l'apprentissage et de l'application des outils décrits dans les étapes 1, 2, 3 et 4. Peut-être êtes-vous un peu déçu. Peut-être pensez-vous : « La conduite de mon enfant est intolérable du matin au soir ! Ce dont il a besoin, c'est de mesures disciplinaires ! » Mais je vous conjure quand même de ne pas utiliser les méthodes autoritaires sans maîtriser d'abord le tandem indifférence/compliments. Pourquoi ?

1. Si vous commencez à punir votre enfant sans avoir auparavant appris à lui décerner des compliments, vous constaterez que sa conduite se détériorera. Souvenez-vous : l'enfant préférera s'exposer à des punitions si, de toute façon, il ne trouve jamais le moyen d'attirer votre attention positive. Si vous ne lui apprenez pas à mériter vos compliments en vous obéissant, il continuera à être insupportable de façon à attirer votre attention négative, c'est-à-dire vos punitions.

Dans tous les foyers où l'on prend l'habitude de complimenter l'enfant, la qualité du climat domestique s'améliore considérablement. Chaque membre de la famille semble aimer davantage les autres et goûte de mieux en mieux leur présence. Dans ce climat, la part des comportements négatifs diminue d'elle-même. Plus vous faites de compliments à l'enfant, moins il a besoin d'être puni.

Quand un enfant, après avoir fait une bêtise, revient à de meilleurs sentiments, il faut que vous soyez disposé à lui adresser des compliments ; il faut en outre que vous soyez capable de le faire. Une fois que la punition (piquet ou autre sanction) est terminée, une fois que votre enfant a cessé de se montrer insupportable et commence à se conduire de façon acceptable, il vous faut lui ouvrir la porte et le réintégrer dans la famille. Il ne sert à rien de lui faire la tête ni de garder un silence glacial. L'enfant a besoin de savoir que le monde ne cesse pas de tourner s'il a enfreint une règle ou s'est attiré le courroux de ses parents. Il faut qu'il sache comment s'y prendre de façon à mériter de nouveau vos compliments et vos encouragements ; et vous devez, de votre côté, être prêt à les lui décerner.

La plupart des techniques utilisées pour assigner des bornes aux excès de l'enfant n'ont d'efficacité que si elles sont accompagnées de compliments ; c'est le cas par exemple des réunions de famille et des ordres que l'on donne à l'enfant. Ceux-ci n'auront d'efficacité que si on loue les efforts de l'enfant. Il faut que vous soyez capable et désireux de complimenter l'enfant avant de chercher à lui assigner des limites.

2. Il faut également que vous soyez capable de feindre l'impassibilité avant de chercher à assigner des limites à l'enfant. L'indifférence est un outil efficace pour réduire la fréquence des comportements indésirables, c'est même une technique rapide et complète. Avant de recourir à d'autres mesures, il faut toujours essayer le tandem impassibilité/compliments. L'indifférence feinte entre en jeu dans la plupart des tactiques destinées à assigner des bornes à l'enfant. Vous devez feindre de ne rien entendre quand l'enfant polémique à propos d'une punition, qu'il se plaint d'un ordre reçu, qu'il cherche à faire dévier la conversation lors d'une réunion de famille, qu'il fait un caprice, qu'on le met au piquet et ainsi de suite. Si vous n'êtes ni capable ni désireux de garder votre sang-froid, vos efforts pour assigner des bornes à l'enfant seront vains.

3. Votre autorité sera d'autant plus efficace que vous en userez avec parcimonie. On est facilement tenté d'en abuser. Par exemple, si vous mettez votre enfant au piquet tous les jours ou plusieurs fois par jour, cette punition ne tardera pas à perdre de son efficacité. Si, dans la majorité des cas, vous avez recours aux compliments ou à l'indifférence, ou que vous tendez amicalement la perche à votre enfant chaque fois qu'il a une conduite indésirable, vous garderez les méthodes autoritaires comme un dernier recours efficace.

Revoyons ensemble comment utiliser les outils que vous connaissez déjà pour combattre des comportements intolérables :

1. identifiez le comportement intolérable ;
2. définissez son contraire, c'est-à-dire le comportement que vous souhaitez voir adopté par votre enfant ;
3. soyez à l'affût du plus petit effort dans le bon sens et décernez immédiatement le compliment approprié ;
4. détournez votre attention de la partie exaspérante ou odieuse du comportement intolérable ; restez impassible, minimisez l'événement, détournez l'atten-

tion, changez de sujet, montrez de l'intérêt pour d'autres choses. Si l'enfant est âgé de trois ans ou davantage, vous pouvez lui annoncer que vous avez décidé d'ignorer son comportement ;
5. utilisez le tandem impassibilité/compliments chaque fois que l'enfant adopte un comportement que vous réprouvez ;
6. tendez la perche à l'enfant : promettez-lui une récompense (en échange d'un succès réaliste, à sa portée), offrez-lui un choix ou utilisez un tableau d'honneur pour guider sa motivation dans les moments délicats de la journée.

Enfin, si les techniques ci-dessus ne parviennent pas à éliminer totalement les comportements inadmissibles, faites preuve d'autorité grâce aux méthodes présentées ci-dessous : les ordres, les avertissements et les punitions, la méthode du disque rayé, les réunions de famille et le piquet.

Prenons par exemple ce problème courant que sont les disputes entre frères et sœurs. Alexandre et Jeanne commencent à jouer ensemble et très vite, ils en viennent à se disputer en s'accusant réciproquement de tricher. Le jeu se termine dans les coups et les hurlements. Voyons comment les parents peuvent intervenir dans ce contexte :

1. Identifiez le comportement qui est devenu insupportable : Alexandre et Jeanne se battent, se chamaillent, hurlent et frappent.

2. Identifiez le contraire de ce comportement, ce que vous souhaiteriez voir les enfants faire au lieu de se battre ; ce n'est pas difficile : ils doivent partager, s'entendre correctement, jouer en respectant les règles, gagner sans se vanter et perdre sans faire de caprice ; s'ils essuient des coups, il ne faut pas qu'ils les rendent mais qu'ils se plaignent à leurs parents ; dans leurs disputes, il vaut mieux qu'ils utilisent des mots plutôt que leurs poings.

3. Soyez à l'affût du plus petit effort dans la bonne direction, et décernez le compliment approprié : s'ils jouent pendant cinq minutes environ sans se disputer, c'est déjà un bon début. Vous pourriez leur dire : *« Cela fait plaisir de vous voir jouer tous les deux si gentiment. »*

4. Annoncez-leur que, dans ces circonstances, vous ignorerez leurs comportements exaspérants : cela ne sera pas facile ; je serais d'avis que vous restiez impassible tant qu'ils se chamaillent, au moins jusqu'au premier coup ; vous pourriez dire à ce moment-là : *« Je ferai la sourde oreille à vos disputes. Je vous laisserai trouver la solution vous-mêmes. »*

5. Utilisez le tandem louanges/indifférence dès qu'un enfant adopte un comportement intolérable, par exemple s'il commence à frapper son frère ou sa sœur ; si Jeanne frappe Alexandre et que celui-ci, au lieu de rendre les coups, appelle sa maman, cette dernière pourra lui dire : *« Je suis contente que tu n'aies pas rendu les coups, Alexandre »* ; ensuite, la maman peut lui proposer de jouer seul dans sa chambre ou quelque part loin de sa sœur ; pendant toute cette conversation, elle ignore la présence de Jeanne, même si elle grille de lui faire la leçon ; si Alexandre décide de continuer à jouer avec sa sœur, la maman reste vigilante un moment, à proximité ; si elle voit que les choses se passent bien pendant les trois premières minutes, elle peut intervenir en disant par exemple : *« C'est bien, vous jouez gentiment tous les deux ! »*

6. Tendez la perche aux enfants pour stimuler leur bonne volonté ; vous pouvez par exemple leur promettre une récompense ; avant que la situation ne se détériore, dites-leur : *« Si vous jouez gentiment tous les deux pendant une demi-heure (c'est-à-dire sans vous taper dessus ni hurler), vous aurez droit à une demi-heure de télévision ou de console vidéo »* ; ce sont des récompenses auxquelles ils sont sensibles et que vous pouvez leur attribuer sans retard.

Offrez-leur un choix ; dites-leur : *« Vous deux, je vous donne le choix : ou bien vous jouez ensemble, ou bien vous jouez séparément. Mais si vous décidez de jouer ensemble, il ne faut ni frapper ni hurler. Faute de quoi, vous devrez jouer chacun de votre côté. »* Par exemple, Jeanne pourrait jouer dehors ou dans la chambre de ses parents et Alexandre dans la chambre des enfants. Il est clair qu'ils joueront plus gentiment ensemble s'ils considèrent cette permission comme un privilège qu'ils risquent de perdre.

Rédigez un tableau d'honneur : vous pouvez par exemple découper en tranches la période de temps où les enfants jouent ensemble tous les jours, c'est-à-dire de 16 h 30 à 18 h 30. Vous avez constaté qu'ils jouent couramment ensemble pendant 20 ou 30 minutes consécutives avant de commencer à se chamailler. Divisez donc ce laps de temps en tranches d'une demi-heure. Assurez-vous de récompenser chaque succès avec un compliment. Convoquez les enfants devant le tableau d'honneur, donnez-leur des autocollants ou dessinez de petits visages souriants dans les cases correspondantes. S'ils fautent pendant ladite période, laissez la case vierge. Les lignes du tableau seront donc les suivantes :

- Jouer gentiment de 16 h 30 à 17 h avec un rappel ;

- Jouer gentiment de 17 h à 17 h 30 avec un rappel ;
- Jouer gentiment de 17 h 30 à 18 h avec un rappel ;
- Jouer gentiment de 18 h à 18 h 30 avec un rappel.

Note : si Alexandre et Jeanne n'arrivent jamais à rester aussi longtemps ensemble sans se chamailler, les parents doivent diviser en tranches plus courtes de 20, 10 ou même 5 minutes.

RÉSUMÉ

Avant d'en venir à des mesures plus autoritaires, essayez d'abord les techniques que vous connaissez déjà pour en finir avec les comportements inadmissibles :

1. Identifiez le comportement inadmissible.

2. Identifiez son contraire : le comportement que vous voudriez voir l'enfant adopter.

3. Soyez à l'affût du moindre mouvement dans la bonne direction et décernez le compliment approprié.

4. Annoncez votre intention de rester impassible face au comportement prohibé.

5. Utilisez le tandem compliments/indifférence quand un enfant commet un acte inadmissible mais non dangereux.

6. Tendez la perche à l'enfant :
— promettez-lui une récompense; décernez la récompense dès que vous avez obtenu satisfaction; complimentez l'enfant dès qu'il manifeste la moindre bonne volonté;
— offrez-lui un choix;
— dressez un tableau d'honneur.

Si les méthodes ci-dessus ne vous permettent pas d'éliminer complètement les comportements inadmissibles, poursuivez votre lecture.

19.

Donner des ordres

La mesure autoritaire la plus simple consiste à donner un ordre : elle est si efficace qu'elle suffit en général pour que l'enfant cesse le comportement indésirable surtout s'il reçoit immédiatement un compliment chaque fois qu'il commence à obéir.

Exemple :

— *Prête tes camions à ton frère* (et il prête).

— *Arrête immédiatement de jeter des cailloux à l'écureuil* (et l'enfant arrête de jeter des cailloux).

COMMENT DONNER DES ORDRES EFFICACES ?

REGARD : regarder votre enfant dans les yeux. Débrouillez-vous pour qu'il vienne jusqu'à vous, ou allez jusqu'à lui. Si nécessaire, appelez-le par son nom jusqu'à ce qu'il vous regarde, dites *« merci ! »*, puis donnez votre ordre (votre *« merci ! »* va probablement surprendre l'enfant qui s'exécutera peut-être sans réfléchir davantage).

MOTS : citez explicitement le comportement que vous désirez voir cesser ou au contraire celui que vous souhaitez. Si l'enfant sait exactement ce qu'on attend de lui, il aura la tâche plus facile.

NE DITES PAS :

— *Arrête ça !*

MAIS DITES :

— *Pose ces ciseaux sur la table !*

En général, mieux vaut citer le comportement que vous souhaitez et non pas celui que vous interdisez. Dites à la rigueur :

— *Arrête de traiter le bébé si brutalement !*

Mieux encore :

— *Sois doux avec le bébé, s'il te plaît !*

Le danger, si vous nommez la conduite que vous désirez voir cesser, réside dans le fait que vous imprimez dans le cerveau de l'enfant le nom de l'acte répréhensible ; en quelque sorte, vous le défiez de recommencer et, de toute façon, vous renforcez l'attention que vous portez à cette conduite. Au contraire, si vous citez l'acte que vous désirez voir l'enfant accomplir, vous lui dites exactement ce qu'il a à faire : cela lui donne une chance d'obéir immédiatement et donc de recevoir vos compliments.

Important : formulez toujours vos ordres à l'impératif et non pas à la forme interrogative. Ne posez jamais de question sauf si vous acceptez l'éventualité de vous entendre répondre : *« non ! »*

Ne demandez pas	**alors que vous voulez dire**
Ne penses-tu pas qu'il serait temps d'aller au lit ?	*Il est l'heure de te coucher.*
Est-ce que tu aurais envie de prendre ton bain ?	*Va prendre ta douche maintenant, s'il te plaît.*
Est-ce que tu as faim pour ton dîner ?	*Viens dîner.*

VOIX : votre ton doit être neutre et ferme, sans colère.

Quel que soit votre état d'ébullition intérieure, appliquez-vous à sembler calme. Loin de moi l'idée que vous devez cacher votre colère à votre enfant : mais vos ordres seront plus efficaces si vous semblez maître de vous. Souvenez-vous : votre objectif est d'obtenir que l'enfant fasse ce que vous lui demandez. Les enfants recevront mieux vos ordres et les suivront plus volontiers si vous êtes ferme et maître de vous. Faites l'expérience suivante : quand vous êtes seul, hurlez un ordre *(« Va te coucher ! »)* sur un ton furibard, à pleins poumons, en levant les bras au ciel, si vous aimez le spectaculaire. A présent, donnez le même ordre d'une voix calme, sans colère. Jugez de la différence : quelle formule sera la plus efficace auprès de votre enfant ? Non pas pour lui faire peur bien sûr, mais pour lui faire comprendre la fermeté de votre décision : vous avez réellement l'intention de l'envoyer au lit. A mon avis, vous découvrirez par vous-même quelle force il y a dans l'emploi d'un ton de voix ferme mais neutre.

Il est certain que, dans une situation dangereuse (votre bébé arrive avec des ciseaux à la main), vous hausserez peut-être le ton, vous crierez même. Il ne faut pas que cela vous empêche de dormir. Un avertissement bien sonore, mais exceptionnel, n'en sera que plus efficace si vous avez l'habitude de donner vos ordre d'une voix neutre dans le courant de la vie quotidienne.

Soyez réaliste. Parfois, votre enfant aura besoin d'un rappel ou deux avant d'obéir à votre ordre. Le rappel doit être également donné d'une voix neutre, en regardant l'enfant dans les yeux et sans hausser le ton. Cependant, au-delà de deux rappels, vous commencez à harceler l'enfant : et c'est parfaitement votre droit.

Sautez directement au niveau suivant de manifestation d'autorité.

PRENEZ-VOUS AU SÉRIEUX

Pour que vos ordres soient efficaces, il faut que vous les donniez dans la ferme intention d'être obéi. Un enfant qui sent que vous parlez sérieusement sera plus motivé à se montrer docile. Pour avoir l'air sérieux, il vous faut d'abord être tout à fait clair. Parfois, ce n'est pas facile. Par exemple, votre enfant est en train de jouer dehors, la nuit tombe. Vous vous dites : *« Qu'est-ce qu'ils s'amusent bien ! Peut-être devrais-je les laisser jouer encore un peu ? »* Par ailleurs, vous savez combien la mise au lit peut être précipitée, combien chacun devient irritable, une fois fatigué.

Si vous appelez votre enfant à l'intérieur alors que vous êtes vous-même indécis, votre ordre *« C'est l'heure de rentrer »* manquera d'impact. Votre enfant vous sentira hésitant, partagé, et il peut fort bien ignorer votre ordre. Mieux vaut savoir à l'avance ce que vous voulez, décider de façon irrévocable et donner l'ordre.

☞ EXERCICE
Donnez des ordres efficaces

Référez-vous à votre liste de comportements inadmissibles. Pour le moment, cette liste est probablement assez courte, surtout si vous utilisez déjà le tandem compliments/indifférence. Votre liste ressemble peut-être à quelque chose comme ceci :

- Lancer des objets sous l'effet de la colère.
- Sauter sur les meubles.
- Tirer la queue du chat.
- Refuser d'aller se coucher.
- Boxer ses frères.
- Quitter la maison ou le jardin.
- Cracher.

Choisissez un de ces comportements pour y appliquer votre exercice : par exemple quitter le jardin.

Identifiez le contraire de ce comportement : rester dans le jardin.

Choisissez un ordre.

Citez le comportement que vous désirez obtenir plutôt que celui que vous voulez interdire, autant que possible.

Ne formulez pas votre ordre sous forme de question. Exemples :

— *Il faut que tu me demandes la permission pour quitter le jardin.*

— *Reste dans notre jardin.*

— *La règle à suivre est celle-ci : on ne sort pas du jardin.*

La fois suivante où votre enfant désobéit à cet ordre :
— allez jusqu'à l'enfant ;

— regardez-le dans les yeux ;
— utilisez un ton ferme et neutre ;
— donnez votre ordre.

Chaque fois que vous voulez imposer ou interdire telle ou telle conduite à l'enfant, répétez ce processus. Bientôt, cela deviendra pour vous une seconde nature de donner calmement des ordres fermes et directs.

J'ai observé que les parents donnant des ordres efficaces obtiennent immédiatement davantage de docilité de la part de leurs enfants. Cela peut être dû au fait que, dans le passé, ils utilisaient le style indirect : ils posaient des questions au lieu d'énoncer des affirmations. Ils assignaient des limites à leur enfant de manière ambiguë, ils n'aimaient pas dire : *« non ! »*. Ils ne voulaient pas avoir l'air méchant, ils différaient indéfiniment le moment de se montrer fermes, jusqu'à ce que la situation leur échappe complètement. En donnant des ordres de façon efficace, ils se sentent plus forts et ont davantage de pouvoir. Comme le disait une maman célibataire de famille nombreuse : *« J'ai l'impression d'être la maman maintenant ! »* Peut-être aurez-vous besoin de donner un rappel ou deux, mais inutile de harceler vos enfants. Après deux rappels, menacez-les de punition !

RÉSUMÉ

Un ordre est une phrase simple à l'impératif pour obtenir ou interdire telle ou telle conduite. Pour que vos ordres soient efficaces :

- regardez l'enfant dans les yeux ;
- citez par son nom la conduite que vous attendez de l'enfant ;
- énoncez votre ordre sans poser de question ;
- utilisez un ton ferme et neutre ;
- donnez-lui un rappel si nécessaire ;
- prenez-vous au sérieux : l'enfant vous imitera.

Au lit Joseph!
Mais il n'est que 8H30!
Au lit!
Personne en classe ne va au lit à 8H30!
Au lit!
Ils regardent tous la télé jusqu'à 9H30!
Au lit!
C'est pas juste!
Au lit!
Arrête de dire ça!
Au lit!
Bon, d'accord!
Merci, Joseph. Je monterai te dire bonsoir!

20.

La méthode du disque rayé

La méthode du disque rayé consiste simplement à répéter un ordre ; c'est un outil épatant pour en finir avec les polémiques et les tactiques dilatoires. Souvent, les enfants essaient de détourner notre attention des ordres que nous leur donnons.

► Voyons un **exemple** où le jeune Joseph tente des manœuvres dilatoires :

Le papa : *C'est l'heure d'aller te coucher, Joseph.*
Joseph : *Mais il n'est que 20 h 30.*
Le papa : *20 h 30, c'est déjà bien tard.*
Joseph : *Aucun de mes camarades de classe ne va se coucher à 20 h 30.*
Le papa : *Oh, si, je pense que beaucoup le font.*
Joseph : *Non, aucun. Ils restent tous à regarder la télé jusqu'à 21 h 30.*
Le papa : *C'est peut-être vrai, mais tu n'es pas n'importe qui.*
Joseph : *Ce n'est pas juste.*
Le papa : *Cela peut ne pas te sembler juste, Joseph, mais ta mère et moi-même considérons que 20 h 30*

est une heure normale pour le coucher d'un enfant de huit ans et demi.

Joseph : *Si Maman dit que je peux rester jusqu'à 21 h 30, tu es d'accord ?*

etc. etc. Vous imaginez la scène.

Maintenant, mettons-nous un moment à la place de Joseph. Voyons ce qu'il ressent quand son père utilise la méthode du disque rayé :

Le papa : *C'est l'heure d'aller te coucher, Joseph.*

Joseph : *Mais il n'est que 20 h 30.*

Le papa : *C'est l'heure d'aller te coucher, Joseph.*

Joseph : *Aucun de mes camarades de classe ne va se coucher à 20 h 30.*

Le papa : *C'est l'heure d'aller te coucher, Joseph.*

Joseph : *Tout le monde reste regarder la télé jusqu'à 21 h 30.*

Le papa : *C'est l'heure d'aller te coucher, Joseph.*

Joseph : *Ce n'est pas juste.*

Le papa : *C'est l'heure d'aller te coucher, Joseph.*

Joseph : *Pourquoi est-ce que tu répètes tout le temps ça ?*

Le papa : *C'est l'heure d'aller te coucher, Joseph.*

Joseph : *D'accord, d'accord, arrête de répéter ce crétin de « C'est l'heure d'aller te coucher ».*

Le papa : *Merci, Joseph. Je vais monter dans une minute pour t'embrasser.*

En pratique, le papa ignore les réactions de Joseph. Cela équivaut à dire à l'enfant : *« Peu importe ce que tu racontes. De toute façon, il faut que tu ailles te coucher maintenant. Je resterai sourd à tous tes arguments. »* Comme l'enfant ne retire rien de toutes ses tentatives, il finira par les abandonner. Du coup, le papa n'a pas à se creuser la cervelle pour polémiquer, il se contente de répéter son ordre. Les parents apprécient en général beaucoup cette méthode. Ils n'ont pas à se fâcher ni à hurler, ni à marchander avec un enfant vif, spirituel et plein de ressources. Tout le monde reste calme et l'enfant finit par se lasser.

Attention : si votre enfant utilise à son tour la méthode du disque rayé contre vous (même si, à notre époque de cassettes et de disques laser, ils ne savent pas à quoi ressemble un disque rayé), arrêtez tout de suite : l'enfant a gagné ! Passez au niveau suivant de coercition.

▶ **Exemple :**

La maman : *C'est l'heure d'aller te coucher, Joseph.*
Joseph : *Non.*
La maman : *Il est temps d'aller te coucher.*
Joseph : *Non.*
La maman : *C'est l'heure d'aller te coucher.*
Joseph : *Non.*

La maman se reconnaît battue et menace de sévir.

RÉSUMÉ

La méthode du disque rayé consiste simplement à répéter l'ordre quand l'enfant essaie de détourner votre attention avec toutes sortes d'arguments. Pour que cette technique soit efficace, il faut que vous restiez calme et ne changiez pas un mot à votre message. Si l'enfant retourne la méthode contre vous, abandonnez. Menacez-le de sévir (voir chapitre 21).

Exemple :

La maman : *C'est l'heure d'aller prendre ta douche.*

L'enfant : *Mais je ne suis pas sale.*

La maman : *C'est l'heure d'aller prendre ta douche.*

L'enfant : *Mais je voudrais y aller plus tard.*

La maman : *C'est l'heure d'aller prendre ta douche.*

L'enfant : *Mais tu m'as dit que j'allais avoir plein de temps pour jouer.*

La maman : *C'est l'heure d'aller prendre ta douche.*

L'enfant : *D'accord, bon ! J'y vais...*

La maman : *Merci.*

21.

Avertissements et punitions

Un avertissement, c'est l'annonce d'une punition que vous administrerez à l'enfant s'il n'obéit pas à l'ordre de commencer ou de cesser tel ou tel acte.

Menacez l'enfant de châtiment s'il ignore tel ou tel ordre et que vous ayez besoin de passer à un niveau supérieur de manifestation d'autorité. Citez explicitement le comportement que vous désirez voir cesser et prononcez le nom de la punition que vous avez décidé d'appliquer. En général, une punition minime suffit. Si l'enfant persiste dans son inconduite, appliquez la punition sur-le-champ :

- perte d'un privilège ou privation d'un objet ;
- auquel l'enfant attache de l'importance ;
- dont les parents ont la maîtrise ;
- et qu'ils sont disposés à retirer à l'enfant.

▶ **Exemple :**

Marine fait rebondir sa balle contre le plafond d'une pièce, à l'intérieur de la maison.

Sa mère lui donne un ordre :

— *Marine, va jouer à la balle dehors, s'il te plaît !*

Marine ignore l'ordre de sa maman. Cette dernière lui rappelle l'ordre :

— *Marine, je viens de te dire : « Va jouer à la balle dehors ! »*

Marine ignore ce rappel et continue à faire rebondir sa balle contre le plafond.

La maman lance un avertissement :

— *Sors avec cette balle tout de suite, Marine, ou bien je vais t'en priver pendant quinze minutes* (et non pas : *« arrête, ou tu vas voir... »*).

Remarquez que, dans cet exemple, la menace de la maman cadre parfaitement avec notre définition :
— privation d'un objet (la balle) pendant quinze minutes ;
— auquel l'enfant attache de l'importance : elle est justement en train de jouer à la balle, et n'a nullement l'intention de s'interrompre ;
— dont les parents ont la maîtrise : la maman peut facilement attraper la balle au vol et la cacher ;
— dont les parents sont disposés à priver l'enfant : c'est un choix particulièrement judicieux, directement lié à l'inconduite intolérable de l'enfant.

Sauf conduite dangereuse, essayez toujours de donner un avertissement avant d'appliquer une punition. Dans votre avertissement, soyez clair : que l'enfant sache exactement à quoi s'attendre s'il persiste dans son inconduite. Votre clarté lui donne en outre l'occasion d'assumer ensuite la responsabilité de ses propres actions. Il peut certes s'obstiner et être puni ou, au contraire, cesser et recevoir un compliment. Si l'enfant s'expose à une punition puis recommence la même bêtise peu de temps après, inutile de lui donner un deuxième avertissement.

Parfois, on a du mal à imaginer des sanctions appropriées. En général, mieux vaut lier la punition au comportement réprouvé, comme si elle en était une conséquence naturelle et logique. Pas question bien sûr de toucher aux besoins physiologiques vitaux : nourriture, boisson, etc.

Choisissez avec soin vos punitions. Il faut assigner à l'enfant des bornes et non l'accabler. Il ne faut jamais que l'enfant perde une partie. Ne privez en aucun cas un petit de trois ans de son doudou, ni un grand de douze ans du camp scout qu'il attendait avec impatience depuis des semaines. Et surtout, ne privez jamais, au grand jamais, un enfant d'un privilège durement acquis grâce à son mérite personnel.

Une punition à court terme est bien plus efficace qu'une punition à long terme ; de nombreux parents s'imaginent — à tort — que le fait d'enfermer leur enfant pendant une semaine ou de le priver pendant une quinzaine de jours de son jeu vidéo garantit une amélioration de son comportement. En fait, les enfants oublient vite l'incident qui a causé tout cela : ils se souviennent de la punition mais pas de la faute. Une punition qui dure plus de 24 heures est une perte d'énergie pour tout le monde. En outre, plus longue est la punition, moins elle vous laisse d'option. L'accès au téléphone peut être la seule privation pour punir efficacement un pré-adolescent. Mais si vous lui interdisez le téléphone pendant deux semaines, quel levier vous restera-t-il s'il vous faut le punir demain ?

La privation momentanée de tel ou tel avantage peut-elle avoir un impact ? Imaginez l'impact de votre décision si vous coupez la télévision deux minutes avant la fin d'un match où les deux équipes sont à égalité… Si vous supprimez à un adolescent sa musique pendant ne serait-ce qu'un quart d'heure… Si vous envoyez un enfant dix minutes plus tôt au lit… Pourquoi prolonger pendant deux semaines ?

Plus important encore : une punition de courte durée est plus efficace, sur le plan éducatif, pour apprendre la maîtrise de soi. Elle donne à l'enfant l'occasion de se mesurer au même obstacle sans attendre plusieurs jours. Reprenons par exemple le cas de la petite fille qui faisait rebondir sa balle dans la maison.

Marine fait rebondir sa balle contre le plafond après que sa mère lui a adressé un avertissement ; la mère tend la main pour confisquer la balle ; à contre-cœur, Marine vient la lui remettre. La maman dit :

— *Merci, Marine. Je te la rendrai dans quinze minutes.*

La maman met en route son minuteur de cuisine sur quinze minutes. Au début, Marine est en colère, elle boude ; puis elle s'absorbe dans un autre jeu. Quand le minuteur sonne, la maman rend la balle à Marine en lui disant :

— *Je te rends ta balle, Marine. Tu peux, si tu veux, aller jouer dehors maintenant.*

La maman a bien raison de ne pas profiter de cette occasion — même si c'est tentant — pour sermonner sa fille. A la rigueur, elle peut lui conseiller d'aller jouer dehors à présent. Pas de colère, pas de ton de reproche dans sa voix. Au contraire, elle l'accueille de nouveau au sein de la famille. Marine peut choisir de recommencer à bouder, faire tomber la balle d'une pichenette, tourner les talons et s'en aller ou se jeter par terre et faire un gros caprice. Tout cela, la maman doit l'ignorer. Si, en revanche, Marine sort pour jouer à la balle, sa maman lui fait un compliment. Même si elle se sent encore un peu irritée, la maman ne tient pas rigueur à sa fille d'avoir mérité cette punition. Inutile de renchérir avec un châtiment affectif. Elle dit :

— *Merci, Marine, de sortir jouer à la balle.*

L'enfant sait que la punition est finie, elle comprend qu'elle continue à bénéficier de l'attention de l'adulte. L'incident est clos, une fois que l'enfant se montre docile et que sa maman l'en complimente. Cette attention positive permettra à l'enfant de prolonger sa bonne conduite et l'empêchera de recommencer à désobéir. En assignant de façon ferme et juste des bornes à court terme, la maman aide l'enfant à se maîtriser de façon à changer son comportement de manière permanente.

Voici quelques suggestions de punitions efficaces :

- privation de radio ou de baladeur pendant quinze minutes ;
- coucher précoce ;
- privation d'un jouet pendant cinq à vingt minutes, en fonction de l'âge ;
- obligation de rentrer jouer à l'intérieur pendant cinq minutes ;
- défense de jouer avec un ami, un frère ou une sœur pendant huit minutes ;
- privation de téléphone pendant une soirée ;
- privation d'une sortie prévue (précédée d'un avertissement) ;
- privation de bicyclette ou de planche à roulettes pendant une matinée ;

- privation de télévision, d'ordinateur ou de console vidéo pendant dix minutes ;
- piquet pendant cinq minutes.

RÉSUMÉ

Pour en finir avec ce comportement odieux et encourager l'enfant à adopter un comportement opposé, utilisez les étapes suivantes :

- donnez un ordre ;
- donnez un rappel ;
- donnez un avertissement annonçant une punition ;
- administrez la punition ;
- décernez un compliment quand l'enfant change de comportement.

22.

Le piquet

Le piquet est une punition qui peut être utilisée de façon efficace avec des enfants âgés de trois à douze ans. Elle peut être appliquée partout. Vous pouvez mettre votre enfant au piquet chez sa grand-mère, chez des voisins ou même chez l'épicier. Le piquet est particulièrement commode quand il ne vous vient pas à l'esprit d'autre punition appropriée.

Voici comment administrer le piquet :

1. Choisissez chez vous un endroit qui s'y prête. Je vous suggère une chaise placée dans un coin où il n'y a rien à casser : pas de papiers peints à arracher, pas de prise de courant où fourrer des objets. Il ne faut pas que ce soit dans une pièce fermée, surtout pas dans une salle de bains où l'on trouve des réserves de médicaments ou des bouteilles cassables. Certains parents trouvent que la chambre de l'enfant se prête bien au piquet mais, la plupart du temps, ces petits chenapans s'empressent de jouer avec leurs affaires. On ne peut donc pas vraiment parler de punition : or, après tout, le piquet est une forme de punition. L'idéal est un endroit situé à proximité du centre de vie de la famille, d'où vous pouvez garder un œil sur l'enfant.

2. Déterminez la durée du piquet. Idéalement, comptez une minute par année d'âge de l'enfant. En fait, cinq minutes représentent déjà une durée importante pour une première fois, même chez un enfant plus âgé. Si le comportement défendu se prolonge, ajoutez à chaque fois une minute environ. Utilisez un minuteur de cuisine, montrez-le à l'enfant, dites-lui que sa punition sera terminée quand le minuteur sonnera.

3. Présentez l'organisation du piquet au cours d'une réunion de famille. Asseyez-vous un moment pour en parler avec l'enfant. Citez par leur nom les conduites défendues ; dites-lui exactement ce que vous en pensez et expliquez-lui qu'il s'agit d'un moyen pour l'aider à en finir avec ses sottises. Montrez-lui où sera installée la chaise et comment le minuteur sera réglé. Il peut être judicieux de faire un essai. La plupart des enfants feront preuve de docilité lors de la réunion et de l'essai, car il ne s'agit pas encore d'une punition. La réunion ne doit pas durer plus de dix minutes.

4. Dès que l'enfant commet un acte intolérable, avertissez-le qu'il risque le piquet. Souvenez-vous : mieux vaut toujours laisser à l'enfant la possibilité de faire preuve de maîtrise de soi en cessant de lui-même ses bêtises. Donnez-lui une chance en l'avertissant qu'il risque d'écoper du piquet. S'il modifie son comportement, faites-lui un compliment.

▶ **Exemple :**

Le jeune Laurent, âgé de huit ans, joue sur le toit du garage. Son papa lui explique combien c'est dangereux, mais ses avertissements restent sans effet. Le papa prévient alors Laurent qu'il risque le piquet :

Le papa : *Laurent, si je te retrouve sur le toit, tu iras au piquet. Tu as compris ?*

Laurent : *Oui, Papa.*

Le papa : *Merci. Je suis content que ce soit clair pour toi.*

Si l'enfant persiste, punissez-le sur-le-champ :

Laurent (escalade le toit du garage).

Le papa : *Laurent, arrête-toi de jouer et viens : tu as huit minutes de piquet. Voilà ta chaise* (il place une chaise dans le coin de la terrasse, face au mur). *Je mets le minuteur sur huit minutes.* (Laurent s'assied.) *Merci Laurent ; quand le minuteur sonnera, tu auras fini.*

A l'expiration du délai, faites une annonce simple, d'une voix neutre, par exemple : *« Ton temps de piquet est fini ; maintenant, tu peux aller jouer. »* Certains enfants restent alors assis sur la même chaise pour bouder. Dans ce cas, ignorez l'enfant un moment. De temps à autre, tendez-lui la perche pour le faire revenir au sein de la vie familiale :

— *Est-ce que ça te plairait de m'aider à mettre le couvert pour le dîner ?*

Ou bien demandez-lui son avis sur quelque chose. N'allez pas vous asseoir à côté de lui pour le cajoler jusqu'à ce qu'il quitte son siège.

Abstenez-vous également de lui faire la morale quand sa punition est achevée. Certains parents se sentent sans doute mal à l'aise ou coupables d'avoir puni leur enfant ; ils profitent du moment après le piquet pour expliquer en détail à leur enfant pourquoi ils ont été contraints, à leur corps défendant, de le punir ; d'autres profitent du moment pour arracher à l'enfant des serments de meilleure conduite à l'avenir. Ce genre d'attitude ne peut qu'aggraver les bouderies de l'enfant ou l'encourager à multiplier les conduites intolérables. Nous sommes tous des gens occupés : bien souvent, nous n'avons pas le temps d'un véritable face à face avec l'enfant sauf si celui-ci commet quelque chose de grave. Obligez-vous à chercher et trouver des comportements à encourager chez l'enfant tous les jours, de façon à ce qu'il sache à coup sûr comment attirer votre attention positive.

Contre le piquet, l'enfant peut :	**Que vous neutralisez en :**
— tenter des diversions	les ignorant
— émettre des protestations	utilisant la méthode du disque rayé
— refuser purement et simplement	lui donnant le choix entre le piquet et une autre punition

► Voici à présent l'**exemple** d'une maman mettant au piquet son fils de douze ans. Remarquez qu'elle commence en utilisant la méthode de la carotte :

La maman : *Édouard, tu mérites dix minutes de piquet. Utilise ce siège. Dès que tu seras assis, j'enclencherai le minuteur.*

Édouard (vociférant) : *Ce n'est pas juste !*

La maman (fait la sourde oreille aux diversions et utilise la méthode du disque rayé, d'une voix calme) : *Quand tu seras assis sur la chaise, j'enclencherai le minuteur.*

Édouard (reste debout pendant trente secondes).

La maman (va chercher le minuteur, revient et attend sans mot dire).

Suivent quelques secondes d'hésitation, la maman faisant semblant d'avoir tout le temps qu'il faut.

Édouard (s'avance lentement vers la chaise) : *Je ne vois pas pourquoi il faut que je m'assoie sur cette stupide chaise. Ce n'est pas de ma faute si la lampe s'est cassée.* (Il se laisse lentement glisser sur la chaise.)

La maman : *Merci, Édouard. J'enclenche le minuteur.* (Elle lui montre le cadran et met l'aiguille sur dix minutes.)

Édouard (se tortille un moment, bougonne mais reste assis).

La maman : *Merci, Édouard.* (Elle fait semblant de ne pas voir les tortillements ni entendre les borborygmes jusqu'à ce que le minuteur sonne.) *Voilà, Édouard : ton piquet est terminé, tu peux aller jouer ou venir m'aider, comme tu préfères.*

Édouard proteste vaguement, bougonne un peu et traîne pour aller prendre son piquet : il ne s'agit probablement pour lui que de sauver la face. Sa maman tolère les tortillements et les grognements. Si elle relevait ces fautes mineures pour obtenir une obéissance de robot, la dispute s'envenimerait. Avec beaucoup de sagesse, la maman d'Édouard choisit d'ignorer les écarts de conduite sans conséquence : elle adopte la méthode du disque rayé, avec un ton général calme et neutre ; finalement, l'enfant obéit.

Si Édouard avait refusé de s'asseoir, sa maman aurait pu rester debout à côté de lui à attendre tout en répétant :

— *Quand tu seras assis, j'enclencherai le minuteur.*

Certains parents trouvent efficace, au bout de quelques minutes de protestation, d'ajouter une minute ou davantage au temps de piquet. Si l'enfant refuse catégoriquement, il faut avoir une solution de rechange.

LA SOLUTION DE RECHANGE

Comme vous n'avez pas l'intention de charger l'enfant sur vos épaules pour le conduire jusqu'à la chaise du piquet, il faut que vous ayez sous la main une solution de rechange. Si votre enfant refuse de se mettre au piquet, offrez-lui un choix ; la maman d'Édouard aurait pu par exemple proposer à son fils :

— *Soit tu fais dix minutes de piquet maintenant, soit quand ton père rentre à la maison, nous serons deux pour te faire faire quinze minutes de piquet.*

Autre marché possible :

— *Soit tu fais tes dix minutes de piquet maintenant, soit tu es privé de dessert.*

Plus terrible encore :

— *Soit tu fais tes dix minutes de piquet maintenant, soit tu es privé de télévision pour toute la soirée.*

Si votre enfant opte pour l'alternative proposée, ne manquez surtout pas d'appliquer cette punition.

NE PAS DÉPASSER LA DOSE

Le piquet est une punition très efficace mais, si vous l'utilisez tous les jours du matin au soir, il perdra rapidement de son impact. Ne l'utilisez que pour punir un type de bêtise bien particulier, sauf si l'enfant est en tout très sage. Souvenez-vous que, à partir du moment où vous avez mis l'enfant au piquet pour telle particulière bêtise, il faudra l'y remettre à chaque récidive.

RÉSUMÉ

Le piquet est une punition simple, mobile et toujours disponible. Utilisez-le de la façon suivante :

1. Choisissez un endroit pour le piquet. L'idéal, c'est une chaise dans un coin de la maison proche du centre de l'activité familiale.

2. Choisissez la durée du piquet : une minute par année d'âge de l'enfant, ou un peu moins pour la première sanction.

3. Utilisez un minuteur de cuisine.

4. Comme pour toutes les autres punitions, lancez un avertissement avant de punir pour de bon.

5. Si la bêtise se renouvelle, qu'il en soit de même du piquet ; comme l'on dit à l'armée, « même motif, même punition ».

6. Si l'enfant oppose de la résistance, ignorez ses polémiques, faites appel à la méthode du disque rayé et donnez-lui le choix avec une autre punition.

7. Quand le temps de piquet est terminé, pas de sermon. Dites-lui simplement : *« Ton piquet est terminé, merci. »*

23.

Le conseil de famille

Le conseil de famille est une réunion convoquée dans le but d'échanger des nouvelles, de prendre des décisions, de passer un moment agréable ensemble ou de résoudre des problèmes.

L'ordre du jour peut comporter l'annonce d'événements scolaires, la coordination de l'emploi du temps des différents membres de la famille pour la semaine, la répartition des corvées ménagères, l'organisation d'une excursion, des vacances de la famille ou d'une simple soirée pizza.

Dans certaines familles, c'est le dîner du dimanche ou le déjeuner du samedi qui servent de conseil de famille. D'autres familles organisent les choses de façon plus structurée, et leurs réunions représentent d'excellentes leçons de fonctionnement démocratique. L'ordre du jour est affiché sur la porte du réfrigérateur et chacun peut y inscrire un sujet de son choix ; la présidence est assurée à tour de rôle par tous les membres de la famille : même un tout petit peut assumer, à son tour, cette responsabilité.

Il ne me viendrait pas à l'idée d'utiliser le moment d'un repas pour résoudre des problèmes graves mais, en revanche, je conseille aux familles de mes clients de multiplier les occasions de mise au point. Quand un problème particulier concernant un ou plusieurs membres de la famille surgit, voici comment l'aborder.

1. **DÉFINIR LE PROBLÈME :** c'est là que réside la difficulté ; avant la réunion, les parents doivent se mettre d'accord et définir pourquoi tel ou tel acte constitue un problème. Disons par exemple que la règle « tout le monde doit être rentré avant dix-huit heures » est en vigueur au sein de la famille Martin. Un beau soir, la jeune Nicole, âgée de dix ans, rentre d'une promenade à vélo à dix-huit heures trente ; l'incident soulève un certain nombre de questions :

- Il est dangereux de faire du vélo dans le noir.
- Elle est en retard pour dîner, car toute la famille prend son repas du soir à dix-huit heures.
- Elle sera en retard pour se coucher.
- Ses parents aiment passer un peu de temps avec elle chaque soir.
- Elle a des corvées ou des devoirs à faire.
- Ses parents ont décidé qu'elle devait rentrer avant dix-huit heures, un point c'est tout.

2. **RÉFLÉCHIR AUX SOLUTIONS POSSIBLES :** au cours de la réunion, les enfants suggéreront peut-être des solutions, mais les parents ont intérêt à y avoir réfléchi à l'avance, de façon à présenter eux aussi quelques solutions opérationnelles. Bien sûr, il faut que la solution soit en rapport avec le problème.

Les Martin pourront donc débattre des possibilités suivantes :

- Installer la lumière sur le vélo de Nicole et lui faire mettre un survêtement blanc, de façon à ce qu'elle soit bien visible dans l'obscurité.
- Déplacer le dîner jusqu'à une heure plus tardive, de

façon à ce qu'elle ait davantage de temps pour jouer à l'extérieur.
- Déplacer l'heure de son coucher, de façon à ce qu'elle ait davantage de temps pour jouer à l'extérieur.
- Obliger Nicole à faire ses corvées domestiques le matin.
- Obliger Nicole à faire ses devoirs dès qu'elle rentre de l'école.
- Rappeler que le couvre-feu est à dix-huit heures, mais instaurer des exceptions.
- etc.

3. **FIXER UNE HEURE POUR LA RÉUNION :** arrangez-vous pour que cet horaire convienne à tout le monde, si possible en fin d'après-midi le dimanche, le vendredi soir, le samedi matin…

4. **RÉUNIR TOUTE LA FAMILLE** (ou, seuls, les enfants concernés par le problème) dans un endroit tranquille. Remerciez chacun des participants d'être venu.

5. **GARDER UN TON CALME, NEUTRE ET FERME :** préparez-vous à devoir écarter des tactiques dilatoires, des bouderies et des insolences.

6. **DÉFINIR LE PROBLÈME DE FAÇON SIMPLE, CLAIRE ET BRÈVE.** Tenez-vous-en aux faits. Évitez les sarcasmes, les critiques, les injures et les classifications hâtives.

7. **DEMANDER À CHACUN D'EXPRIMER DES IDÉES PERMETTANT DE RÉSOUDRE LA SITUATION.** Félicitez ceux qui soumettront des idées constructives et ignorez ostensiblement les remarques subversives.

8. **PARVENIR À UN ACCORD GRÂCE À UN COMPROMIS**

(c'est-à-dire une moyenne entre des exigences contradictoires) OU UNE NÉGOCIATION (échange mutuel grâce auquel chaque partie obtient un fragment de ce qu'elle désirait). Les Martin ont à concilier les exigences suivantes :

- les parents veulent que Nicole rentre avant 18 heures ;
- Nicole veut rentrer à 18 h 30 ;
- ils transigent pour 18 h 15.

Ils peuvent également choisir de négocier un échange concernant la conduite qui pose un problème :

- PROBLÈME : les parents veulent passer davantage de temps avec Nicole.
- COMPROMIS : Nicole renonce à regarder la télévision afin de pouvoir passer du temps avec ses parents en échange de la permission de rentrer à 18 h 30.

- PROBLÈME : faire du vélo après le coucher du soleil est dangereux.
- COMPROMIS : Nicole installe des lumières et des catadioptres sur son vélo, elle promet de mettre un survêtement blanc et d'éviter les rues les plus encombrées en échange de la permission de rentrer à 18 h 30.

- PROBLÈME : à 18 h 30, il est trop tard pour faire les devoirs scolaires et les corvées domestiques.
- COMPROMIS : Nicole pourra rentrer à 18 h 30, à condition qu'elle ait fait ses corvées domestiques et ses devoirs juste après être rentrée de l'école.

- PROBLÈME : les parents veulent que Nicole rentre à la maison pour toutes les raisons ci-dessus.
- COMPROMIS : les parents permettront à Nicole de recevoir des amis à la maison, ou bien elle pourra

bénéficier de plus de temps pour jouer pendant les week-ends, à condition qu'elle rentre tous les soirs avant 18 heures.

9. **FIXER UNE DATE POUR LA PROCHAINE RÉUNION DE SUIVI**, de trois à sept jours plus tard, pour évaluer comment fonctionne l'accord.

10. **FÉLICITER LES MEMBRES DE LA FAMILLE D'AVOIR PARTICIPÉ À LA RÉUNION** et résolu le problème.

11. **NE PAS TARDER** à convoquer un autre conseil de famille, juste pour le plaisir de passer un moment ensemble !

RÉSUMÉ

Vous pouvez faire appel à un conseil de famille pour résoudre des problèmes liés à des comportements devenus inadmissibles. Voici la marche à suivre :

1. Définissez le problème et réfléchissez aux solutions possibles.

2. Convoquez une réunion.

3. Gardez un ton calme, exposez le problème de façon claire, demandez des suggestions.

4. Parvenez à un accord grâce à un compromis ou à une négociation.

5. Évaluez la situation lors de la réunion de suivi.

Et souvenez-vous : une excellente façon d'améliorer les bons sentiments à l'intérieur de la famille consiste à se réunir fréquemment pour partager un bon moment, de bonnes idées et de bons renseignements.

24.
L'autorité en public

— *Regarde-moi cette mère indigne !*
— *Cet enfant est insupportable !*
— *Comment ose-t-il gifler un enfant ?*
— *Il y a des fessées qui se perdent…*

Le plus dur avec les démonstrations d'autorité en public, c'est le public. Si notre enfant se montre odieux dans un endroit public, il nous faut résoudre le problème sous le regard d'une foule de gens. Évidemment, aucun enfant ni aucun adulte ne sont à l'abri de ce genre de situation. Quels que soient les sentiments qui vous agitent sur le moment, sachez que tous les parents s'exposent à rencontrer des situations analogues. Tous les enfants, tôt ou tard, se montrent insupportables en public :

- ils traversent la rue en courant ;
- ils refusent de monter en voiture ou d'attacher leur ceinture de sécurité ;
- ils tripotent des objets fragiles dans les magasins ;
- ils font des pieds et des mains pour qu'on leur achète des boissons gazeuses, des jeux électroniques et du chewing-gum ;
- ils se chamaillent entre frères et sœurs ;
- ils veulent qu'on les porte dans les bras ;

- ils font un gros caprice, avec hurlements et grêle de coups de pied ;
- au restaurant, ils jettent de la nourriture partout et donnent des coups de pied sous la table…

Vous avez parfaitement le droit de faire vos courses, de manger dans un restaurant ou de faire vos achats « relativement » en paix. Vous avez le droit que vos enfants se conduisent de façon assez raisonnable, en public comme à la maison. Et ce fameux « public » a, lui aussi, des droits. Vous ne souhaitez pas que votre enfant empêche les gens de faire paisiblement leurs achats ou de manger tranquillement au restaurant.

Alors, que faire quand votre enfant se conduit mal dans un lieu public ? Souvenez-vous, vous avez le droit et même le devoir de lui assigner des limites. Il est parfaitement légitime de punir l'enfant fermement, sans violence, même en présence de tiers : par exemple, en le mettant au piquet ou en le privant de quelque privilège.

Soyez conscient de vos limites et de celles de votre enfant. Un garnement de quatre ans manquera de souplesse s'il est fatigué et affamé ou si cela fait trois heures que vous le remorquez de magasin en magasin. Un dîner au restaurant avec un gamin de deux ans peut se terminer en cauchemar. Prenez vos dispositions à l'avance. Demandez-vous à temps ce qui peut aider votre enfant dans des circonstances délicates :

- Gardez à portée de la main de petites choses à faire grignoter par votre enfant grincheux et affamé.
- Munissez-vous d'une petite boîte de crayons de couleur et d'un bloc de papier, ou d'autres jouets de secours.

- Faites-vous accompagner par un enfant de plus de dix ans.
- N'essayez pas de faire toutes vos courses d'un coup : c'est peut-être plus pratique, mais c'est aussi plus pénible.
- Organisez-vous avec vos voisins pour garder vos enfants à tour de rôle. Gardez les leurs deux heures le matin, en sorte d'être libre tout l'après-midi pour aller faire vos courses seul.
- Faites vos courses par ordre de priorité : si la situation se gâte, renoncez aux dernières qui sont moins urgentes.
- Faites une pause dans un jardin public ou dans un restaurant rapide, ou encore près d'une fontaine, pour déballer les sandwiches que vous aurez préparés à la maison. Reposez-vous et repartez du bon pied.

Si votre enfant traverse une phase dans laquelle il multiplie les caprices en public, efforcez-vous, pendant une semaine ou deux, de le laisser dans votre famille ou à des amis chaque fois que vous sortez faire des courses. Ne le prenez jamais avec vous pour aller manger à l'extérieur. Quand vous recommencez à l'emmener faire des courses, utilisez le tandem indifférence/compliments et promettez-lui des récompenses alléchantes s'il se tient bien. Dites-lui par exemple :

— *Si tu es gentil chez l'épicier (c'est-à-dire que je ne te perde jamais de vue), je jouerai avec toi vingt minutes quand nous rentrerons à la maison.*

Dans le magasin, décernez-lui un compliment de temps en temps, tant qu'il reste gentiment à vos côtés.

LE PIQUET EN PUBLIC

Il est parfaitement possible de mettre votre enfant au piquet devant des tiers. L'efficacité de cette punition est aussi bonne à la maison qu'à l'extérieur.

1. Avant de quitter la maison ou tandis que vous êtes encore au volant, **RAPPELEZ À VOS ENFANTS LES RÈGLES** qu'ils doivent suivre, par exemple :

— *Ne vous battez pas sur le siège arrière.*

— *Restez sur votre siège auto (ou attachés avec vos ceintures de sécurité).*

— *Débrouillez-vous pour que je ne vous perde pas de vue dans le magasin.*

— *Ne touchez pas les objets exposés.*

2. PROMETTEZ UNE RÉCOMPENSE, par exemple :

— *Si vous faites tout cela, nous louerons une vidéo cassette que vous pourrez regarder en rentrant à la maison.*

3. AVERTISSEZ-LES que vous les mettrez au piquet s'ils transgressent un des ordres cités. Si vous avez le minuteur de cuisine avec vous, vos enfants sauront que vous ne plaisantez pas !

— *Je t'avertis : si tu t'éloignes de moi une fois de plus, je te mets au piquet !*

4. CHOISISSEZ UN ENDROIT POUR LE PIQUET : au moment d'entrer dans le magasin ou ailleurs, regardez autour de vous. Choisissez l'endroit le plus commode pour mettre votre enfant au piquet si le besoin s'en fait sentir. Le plus facile, c'est à l'intérieur des toilettes. Certains parents reviennent avec leur enfant jusqu'à la voiture et l'y enferment. Si deux adultes accompagnent plusieurs enfants, l'un d'eux peut sortir du bâtiment avec le coupable (ou se retirer dans les toilettes). Il m'est arrivé d'utiliser un coin de l'épicerie ou du grand magasin, en choisissant un endroit pas trop fréquenté. Faites preuve de créativité. Pratiquement n'importe quel endroit peut convenir. Le succès dépend avant tout de votre neutralité et de votre fermeté.

5. DÉTERMINEZ LA DURÉE du piquet. Soyez bref. Votre enfant sera passablement surpris que vous ayez recours à une méthode pareille en public ; il aura peut-être davantage honte que vous. Une minute ou deux devraient suffire.

6. SI L'ENFANT PERSISTE À DÉSOBÉIR, SÉVISSEZ avec une séance de piquet. Restez sourd aux tentatives de diversion et tenez-vous à la méthode du disque rayé :

— *Bon, viens avec moi dans ce coin. Assieds-toi là pendant une minute. Je te dirai quand ce sera fini.*

Si l'enfant résiste, donnez-lui le choix entre le piquet tout de suite ou un piquet plus long plus tard, ou encore une autre punition convenable pour le moment où vous rentrerez à la maison :

— *Tu as le choix : tu te mets au piquet maintenant ou tu n'auras pas de dessins animés, ce soir.*

7. ANNONCEZ LA FIN DU PIQUET d'une voix neutre. Ne faites pas de sermon. Contentez-vous de dire :

— *Ton piquet est fini. Merci !*

8. DÉCERNEZ UN COMPLIMENT dès que l'enfant adopte un comportement qui vous plaît ou qu'il s'abstient de se montrer insupportable :

— *J'aime bien quand tu restes à un endroit où je puisse te voir.*

L'ARME SECRÈTE

J'étais en train de me garer devant chez moi un beau jour, quand je vis ma voisine qui escortait sa fille d'un pas martial. Elle lui faisait monter les marches et m'annonça qu'elle ramenait Lily à la maison pour qu'elle reste avec son papa tandis qu'elle-même retournait au supermarché pour y chercher ses achats.

Le fait de faire des courses ensemble est un régal aussi bien pour la mère que pour la fille. Beth, la maman de Lily, travaille à plein temps et leurs trajets pour aller au supermarché, à la banque ou au pressing sont autant d'occasions de passer un moment ensemble. Cette fois, Lily avait demandé à sa maman de s'asseoir dans le caddie avec les achats. La maman avait refusé car le caddie était presque plein : Lily avait fait une scène. Beth l'avait avertie : soit Lily arrêtait tout de suite, soit elle la raccompagnait à la maison.

Lily avait continué. La maman avait planté là son caddie débordant de provisions et ramené sa fille directement à la maison. Elle l'avait confiée à son père et avait refait en sens inverse les kilomètres qui la séparaient du supermarché.

Je ne me lasse jamais de citer cet exemple car, grâce à cette sage décision, ma voisine n'a plus jamais eu à sévir quand elle emmenait sa fille faire des courses. Bien des parents menacent de quitter le magasin ou le restaurant, mais Beth est allée jusqu'au bout de ses menaces. Du coup, Lily la prend au sérieux : elle sait que, si sa maman lui donne un avertissement, il ne faut pas le prendre à la légère ; il faut qu'elle arrête ses bêtises, sinon sa maman sévira.

Vous pouvez donc ainsi faire preuve d'autorité au

supermarché (s'il vous faut partir, demandez à la caissière de vous garder votre caddie), en voiture (vous garez votre véhicule chaque fois que l'enfant se montre insupportable ou encore vous rentrez directement à la maison) et même au restaurant. J'irai même plus loin : je vous suggère d'organiser une sortie rien que pour impressionner les enfants avec votre autorité. Voici comment vous y prendre :

1. Choisissez un restaurant rapide ou bon marché qu'aiment les enfants.

2. Annoncez-leur que vous sortez tous pour y manger et rappelez les règles à suivre :
— défense de cracher ou de lancer de la nourriture ;
— défense de donner des coups de pied sous la table ;
— défense de galoper dans toute la salle.

3. Annoncez clairement que si l'une de ces règles est enfreinte, vous quitterez tous le restaurant immédiatement.

4. Entrez dans le restaurant. Commandez votre café, votre thé ou votre eau (une consommation que vous puissiez abandonner sans trop de regret). Laissez les enfants commander les plats dont ils ont envie.

5. Décernez-leur des compliments pour les comportements que vous appréciez : *« Bravo... »*, *« Merci pour... »*, *« J'aime bien quand tu... »*

6. Si un des enfants viole une des règles, levez-vous d'un jet et annoncez froidement :

— *Tu as désobéi. Partons.*

Et ramenez tout le monde à la maison. Laissez les plats sur la table ou permettez-leur d'en rafler une partie en fonction du degré de salissures que vous supportez en voiture.

7. Ignorez leurs protestations. Acceptez leurs excuses avec grâce et dites-leur qu'un jour, ils auront de nouveau l'occasion de manger dans ce restaurant. Ne vous en faites pas trop pour les autres enfants. Certes, ils sont tous pénalisés par la faute d'un seul, mais celui-ci subira la pression de ses camarades, cela ne peut lui faire que du bien.

Souvenez-vous : il est très peu vraisemblable que vous ayez à sévir de la sorte deux fois de suite. Cela vaut vraiment la peine d'avoir fait ce petit effort. Bonnes courses !

RÉSUMÉ

Vous avez parfaitement le droit d'avoir la paix, même quand vous sortez ou faites des courses. Quand vous devez manifester votre autorité, utilisez le piquet. Faites une sortie d'essai pour vous rendre crédible aux yeux des enfants : ils sauront que vous allez jusqu'au bout de vos punitions.

LE PIQUET, MODE D'EMPLOI :

1. Rappelez les règles à votre enfant.

2. Promettez-lui une récompense pour le rendre plus docile.

3. Avertissez-le que vous le mettrez au piquet s'il désobéit.

4. Choisissez une place pour le piquet.

5. Déterminez la durée du piquet : une minute ou deux devraient suffire.

6. Si l'enfant persiste dans son inconduite, mettez-le au piquet. S'il refuse, donnez-lui le choix d'une punition plus grave, plus tard.

7. Annoncez la fin du piquet.

8. Décernez un compliment à l'enfant dès qu'il change de comportement ou s'abstient de se montrer insupportable.

LA SORTIE D'ESSAI, MODE D'EMPLOI :

1. Choisissez un restaurant bon marché.

2. Rappelez les règles aux enfants.

3. Avertissez-les que, s'ils violent ces règles, vous quitterez tous le restaurant immédiatement.

4. Entrez dans le restaurant et passez commande.

5. Décernez des compliments à ceux qui se conduisent bien.

6. Dès qu'un enfant viole une règle, annoncez calmement que vous partez tous.

7. Ignorez les protestations, acceptez les excuses et prévenez les enfants qu'ils auront tôt ou tard la possibilité de manger de nouveau dans ce restaurant.

Une fois suffira : les règles que vous fixez et les avertissements que vous donnez auront désormais davantage de poids.

RÉCAPITULATION

Vous voilà en possession de tous les outils dont vous avez besoin pour assouplir votre enfant et réduire les occasions de conflit chez vous. Ce qui va être à présent difficile, ce sera de les utiliser : trouver des sujets de compliment, avoir la patience de rester impassible, rester calme et ferme tout en faisant preuve d'autorité… Et faire tout cela de façon suivie ! Servez-vous de l'aide-mémoire intitulé « en cas de pépin », page suivante : vous vous remémorerez ainsi ce que vous avez précédemment appris.

Plus loin, vous trouverez vingt plans de bataille pour vous permettre d'en finir avec autant de problèmes spécifiques. Pour les moments de crise, fiez-vous aux plans de bataille. Arrachez la page consacrée aux jérémiades et portez-la toujours dans votre poche intérieure ou votre sac à main. Glissez dans le tiroir de la cuisine la page consacrée aux disputes, de façon à l'avoir sous la main au bon moment. Gardez à proximité du téléphone, bien sûr, la page concernant les « coupures de parole » !

L'éducation est un défi de chaque instant. A chaque âge de l'enfant, à chaque étape de son développement correspondent de nouveaux délices et de nouvelles horreurs. Les techniques décrites dans cet ouvrage vous permettent d'augmenter la fréquence des comportements qui vous plaisent et de rendre contrôlables ceux que vous exécrez. Si vous trouvez que le chaos vous submerge, vous oublierez peut-être de décerner des compliments, vous céderez devant des jérémiades et des caprices, vous recommencerez à harceler vos enfants, vous omettrez peut-être d'aller jusqu'au bout de vos avertissements et de vos menaces. A ce moment-là, quelques instants de révision de ce livre vous feront du bien.

La paix est possible. Vous pouvez gagner la guerre des pleurnicheries et autres jérémiades. Peut-être même survivrez-vous assez longtemps pour enseigner à vos propres enfants comment éduquer les leurs !

EN CAS DE PÉPIN

Quelle que soit la difficulté, passez-la au crible de l'analyse suivante :

1. Observez la situation : identifiez les comportements que vous aimez, ceux que vous réprouvez et ceux que vous trouvez intolérables.

2. Louez les comportements que vous appréciez.

3. Ignorez les comportements qui vous déplaisent mais restez à l'affût de ceux susceptibles d'attirer vos compliments.

4. Pour guider vos enfants vers une conduite améliorée, donnez-leur un choix, une annonce à l'avance ou une promesse de récompense.

5. Mettez au point un tableau d'honneur :
a. Choisissez les actes (certains faciles et d'autres non) et les récompenses.
b. Observez votre enfant pendant la phase de mise au point.
c. Dévoilez le tableau d'honneur.
d. Décernez compliments et récompenses immédiatement, faites semblant d'ignorer les désobéissances.

6. Pour amener l'enfant à cesser telle ou telle inconduite, donnez-lui un ordre.

7. S'il n'en démord pas : avertissez-le qu'il risque d'être puni.

8. S'il n'en démord toujours pas : punissez-le.

9. Soyez cohérent. Chaque fois qu'il répète la même bêtise, appliquez le même châtiment.

10. Convoquez des conseils de famille :
a. Définissez le problème et réfléchissez à des solutions possibles.
b. Convoquez une réunion.
c. Gardez un ton calme, définissez le problème clairement et demandez des suggestions.
d. Parvenez à un accord grâce à un compromis ou à une négociation.
e. Évaluez la situation lors d'une réunion de suivi.

11. Complimentez votre enfant pour tous ses succès.

PLANS DE BATAILLE

Quand ça barde vraiment, faites appel aux plans de bataille qui suivent. Ceux-ci décrivent de façon concise des stratégies faisant appel à tous les outils présentés plus haut dans cet ouvrage, assortis de quelques astuces supplémentaires. Pour tout écart de conduite qui vous cause du souci chez l'enfant, appliquez la grille « en cas de pépin ». Pour réussir à appliquer les plans de bataille suivants, il faut que vous ayez lu tout le reste du livre.

Dans les pages qui suivent, vous trouverez des plans de bataille pour :

- les bagarres ;
- les bouderies ;
- le cafardage ;
- les caprices ;
- les caprices en public ;
- le chahut en voiture ;
- les coupures de parole ;
- les crachats ;
- les ergotages ;
- les gros mots ;
- la grossièreté ;
- l'insolence ;
- les insultes ;
- les jérémiades ;
- le laisser-aller ;
- les mensonges ;

- les morsures ;
- les ongles rongés ;
- les plaintes et
- les traînasseries.

LES BAGARRES

Est-ce là un comportement que j'aime, que je réprouve ou que je trouve intolérable ?

Que je réprouve (propos querelleurs, harcèlement, échauffements préparatoires).

Que je trouve intolérable (coups directs avec ou sans armes).

Que dois-je faire ?

Ignorer les préparatifs de la bataille. Complimenter les enfants qui jouent ensemble gentiment et qui savent résoudre eux-mêmes leurs problèmes.

Punir les « cogneurs ».

STRATÉGIE

1. Faites la sourde oreille aux petites taquineries, chamailleries et autres injures, surtout si les enfants sont proches par l'âge, la taille ou la force. Laissez-leur la possibilité de résoudre leurs problèmes eux-mêmes. Dites-leur :

— *Vous êtes assez grands pour vous débrouiller !*

2. Félicitez les enfants quand ils s'entendent bien et jouent gentiment. Si vous ne les entendez plus, partez à leur recherche. Surprenez-les en flagrant délit de bonne conduite. Accordez-leur des tonnes d'attention à ce moment-là. Récompensez-les. Pour vous, c'est de l'argent bien dépensé ! Surtout, n'ignorez jamais les enfants quand ils jouent gentiment.

3. Donnez-leur un choix : voulez-vous jouer séparément ou ensemble ? Obligez-les à jouer pendant vingt minutes chacun de leur côté, qui dans la maison, qui dans le jardin. Bientôt, ils se lasseront de jouer seuls et « l'autre » deviendra soudain beaucoup plus attirant.

STRATÉGIES AUTORITAIRES

1. Donnez un ordre simple :

— *Je vous défends de vous battre. Les mains, ce n'est pas fait pour cogner.*

2. S'ils s'arrêtent de frapper, faites-leur compliment :

— *C'est très bien, vous ne vous frappez pas.*

3. A celui qui cogne, donnez un avertissement (piquet ou autre punition) :

— *Si tu donnes un autre coup de poing, tu n'auras pas le droit de jouer avec ton frère* (ou ta sœur) *pendant vingt minutes.*

— *Si tu cognes une fois de plus, tu auras dix minutes de piquet.*

— *Arrêtez de vous battre tous les deux, ou bien vous serez privés chacun de dix minutes de télévision ce soir.*

4. Si la bagarre ne cesse pas, donnez la punition ou le piquet :

— *Tu as donné un coup de poing à ton frère, tu n'as pas le droit de jouer avec lui pendant vingt minutes. Charles n'a qu'à décider de l'endroit où il veut jouer, dans la chambre ou dehors ; et toi, tu iras jouer ailleurs.*

Ou encore :

— *Tu as donné un coup de poing à ton frère. Va t'asseoir sur la chaise, au piquet. J'enclenche le minuteur sur dix minutes.*

Ou encore :

— *Ça y est, les gars, vous vous battez encore, donc vous perdez dix minutes de télé ce soir.*

5. Quand la punition ou le piquet sont terminés, ne faites pas de sermon. Annoncez simplement :

— *Maintenant, vous pouvez recommencer à jouer tous les deux ensemble.*

Ou bien :

— *Ton temps de piquet est terminé.*

6. Chaque fois que l'enfant recommence à frapper, donnez-lui la même punition ou allongez le temps de piquet d'une ou deux minutes.

7. Après avoir suivi une fois toute la séquence ci-dessus, donnez un avertissement à validité permanente ; chaque fois que l'enfant frappera son frère ou sa sœur, il écopera du même châtiment :

— *Tu sais que ce n'est pas permis de cogner. Chaque fois que tu donneras un coup de poing à ton frère, tu iras au piquet.*

8. Après avoir puni votre petit boxeur, soyez à l'affût de tout signe d'amélioration. Si les enfants jouent gentiment ensemble pendant trois minutes, si vous les entendez débattre avec courtoisie, adressez-leur des félicitations immédiates. Parfois, je distribue de la menue monnaie à mes enfants quand je les surprends à être sages. La récompense-surprise et mes compliments ne font qu'ajouter à leur bonheur.

LES BOUDERIES

Est-ce un comportement que j'aime, que je réprouve ou que je trouve intolérable ?

Que je réprouve.

Que dois-je faire ?

Ignorer les bouderies de l'enfant.

Féliciter l'enfant qui vient me trouver pour m'exposer ses états d'âme.

L'enfant qui boude ne fait pas de bruit mais peut être parfaitement exaspérant ; il traîne çà et là, il se vautre sur les meubles, il fait une mine d'une aune de long. Manifestement, cela ne va pas mais il refuse de dire pourquoi. Cela me donne un sentiment d'impuissance.

STRATÉGIE

1. Annoncez-lui que vous avez l'intention d'ignorer ses bouderies. Précisez-lui que vous serez heureux de vous entretenir avec lui de ses problèmes s'il le désire, mais que vous le laisserez tranquille dans le cas contraire.

2. Quand il cesse de bouder et entreprend de vous parler, accordez-lui toute votre attention : écoutez ses problèmes. Discutez avec lui de ce qui l'ennuie.

3. Faites-lui comprendre que le fait de formuler ses problèmes peut aider à les résoudre. Dites-lui qu'il peut vous parler à vous, parler à quelqu'un d'autre, écrire un journal, rédiger une lettre ou inventer une histoire ayant pour héros un enfant avec des problèmes similaires. Assurez-le que, quand il se sera donné la peine de s'exprimer, il se sentira déjà mieux.

4. Accordez-lui davantage de sympathie (en faisant écho à ses sentiments) que de conseils.

Prêtez l'oreille à ses états d'âme et assurez-le (si c'est le cas) que vous le comprenez. Ne lui donnez des conseils que s'il en demande. Si vous l'écoutez à chaque fois de tout votre cœur, il saura bien vite qu'il ne risque rien à demander votre aide et il cessera de bouder.

5. Il est tout à fait normal que des garçons ou des filles boudent de temps en temps, c'est une façon indirecte de demander de l'aide. Cependant, soyez attentif si vous voyez apparaître des manifestations dépressives : variations brutales dans les habitudes alimentaires et les rythmes de sommeil, perte ou gain de poids, manque d'énergie, manque d'intérêt pour les activités en général, échec scolaire. Ces signes-là ne doivent pas être ignorés. Consultez un médecin, un psychologue ou un conseiller d'orientation.

LE CAFARDAGE

Est-ce un comportement que j'aime, que je réprouve ou que je trouve intolérable ?

Que je réprouve.

Que dois-je faire ?

Ignorer l'enfant qui cafte.

Louer l'enfant capable de résoudre les difficultés qu'il peut avoir avec les autres.

STRATÉGIE

1. Ignorer les cafardages. C'est facile de montrer à l'enfant que vous ne vous y intéressez pas ; répondez par un simple *« Ah bon ? »* ou *« Merci »*. Puis tournez immédiatement votre attention vers autre chose.

2. Félicitez-le s'il résout intelligemment ses problèmes. Quand vous observez des enfants qui parviennent à surmonter un conflit, couvrez-les de félicitations.

3. Mieux vaut dénoncer que cogner. Si votre enfant a tendance à se montrer brutal en cas de conflit, accordez-lui de venir vous demander votre aide pour résoudre ses problèmes avec les autres enfants.

4. En cas de plaintes contradictoires (deux enfants accourent pour vous demander votre arbitrage), renvoyez-les dos à dos par une phrase sans équivoque :

— *C'est à vous deux de résoudre ce problème entre vous.*

Si les deux plaideurs s'échauffent, donnez-leur un choix :

— *Puisque vous êtes tous les deux en colère, préférez-vous continuer à jouer ensemble ou séparément ?*

Une fois face à ce choix, les enfants décident souvent de continuer à jouer ensemble.

LES CAPRICES

Est-ce un comportement que j'aime, que je réprouve ou que je trouve intolérable ?

Que je réprouve.

Que dois-je faire ?

Ignorer les caprices de l'enfant (ses cris de rage, ses coups de pieds). Louer l'enfant qui exprime sa colère avec des mots.

STRATÉGIE

1. Ignorez le caprice. Centrez votre attention sur autre chose.

2. Annoncez à l'enfant que vous vous disposez à ignorer son caprice. Chuchotez-lui à l'oreille :

— *Georges, je ne t'écouterai pas tant que tu donneras des coups de pied. Quand tu arrêteras de taper, nous pourrons parler.*

3. Complimentez l'enfant (accordez-lui votre attention positive) quand il exprime sa colère avec des mots :

L'enfant (arrête de donner des coups de pieds et de hurler) : *Je te hais ! Tu es une méchante maman !*

La maman : *Tu es très en colère contre maman ! Tu veux les ciseaux et maman a dit non !*

L'enfant (avec une grosse moue) : *Oui. Je veux les ciseaux.*

La maman : *Je suis contente que tu me les demandes gentiment. Je comprends que tu sois très en colère. Je vais t'aider à couper, mais je ne veux pas te laisser utiliser les ciseaux tout seul.*

4. Encouragez-vous par-devers vous avec un discours intérieur bien orienté :

— *Je peux faire preuve de plus de persévérance que lui. C'est un enfant, c'est moi la maman.*

5. Quittez calmement la pièce. Restez ailleurs jusqu'à ce qu'il se calme.

6. Si votre tout-petit se cogne la tête contre le sol quand il fait un caprice, glissez calmement un coussin ou votre main sous sa tête. Restez aussi détendu que possible, tout en essayant d'ignorer son caprice.

7. Si votre enfant continue à faire des caprices en grandissant, c'est parce que vous y avez cédé quand il était plus jeune. Convoquez un conseil de famille ; apprenez à l'enfant ce qu'il a le droit de faire sous l'effet de la colère (s'exprimer auprès de la personne, frapper un oreiller, etc.) mais dites-lui que vous ferez la sourde oreille tant qu'il ne s'exprimera pas avec des mots. Dites-lui que, quand il sera disposé à parler, vous serez heureux de l'écouter.

Souvenez-vous : pratiquement tous les enfants font quelques caprices entre l'âge de deux ans et l'âge de quatre ans. Pour minimiser l'importance de ces caprices, ignorez-les méthodiquement. Si vous accordez votre attention à l'enfant quand celui-ci utilise des mots (au lieu de hurlements inarticulés), votre enfant fera de moins en moins de caprices. A partir de l'âge de cinq ans, votre enfant doit être capable d'exprimer ses sentiments de façon verbale.

LES CAPRICES EN PUBLIC

Est-ce un comportement qui me plaît, qui me déplaît ou que je trouve intolérable ?

Qui me déplaît (caprices avec moi).

Que je trouve intolérable (si cela dérange les autres).

Que dois-je faire ?

Ignorer les caprices de l'enfant avec moi.

Louer l'enfant qui trouve des mots pour exprimer sa colère ou se montre docile en public.

Assigner des limites à la colère de l'enfant si elle dérange d'autres personnes.

STRATÉGIE

1. Annoncez fermement à l'enfant, les yeux dans les yeux, que vous vous disposez à ignorer son caprice :

— *Je n'écouterai pas ce tapage que tu es en train de faire. Je vais aller là-bas et lire une revue.*

2. Ignorez le caprice. Gardez votre enfant à portée de vue tandis que vous concentrez votre attention sur quelque chose d'autre. Ignorez-le ostensiblement en engageant la conversation avec d'autres adultes autour de vous. Souriez-leur mais ne donnez surtout pas à l'enfant l'impression que vous riez de lui.

Parlez de la pluie et du beau temps. Prenez des inspirations profondes. Continuez à concentrer votre attention sur n'importe quoi sauf sur l'enfant, jusqu'à ce qu'il tente de se calmer et d'utiliser des mots pour exprimer sa colère. Alors, complimentez-le.

3. S'il ne se calme pas, menacez-le de punition. Attendez un moment pour qu'il ait une chance de s'apaiser de lui-même. Félicitez-le pour toute tentative de se calmer et d'utiliser des mots.

La maman : *Arrête de donner des coups de pieds et exprime-toi, sinon il va nous falloir partir.*

L'enfant (arrête son caprice et se met à geindre, mais utilise des mots) : *Mais je veux des biscuits.*

La maman : *Merci de t'exprimer. Je comprends bien que les biscuits te fassent envie. Je t'en donnerai un ce soir au dessert.*

4. Persévérez éventuellement jusqu'à la punition ou jusqu'au piquet :

a. Avertissement : *Si tu n'arrêtes pas de hurler et de donner des coups de pied, je vais partir.*

b. Attendez un instant pour laisser à votre enfant la possibilité de sauver la face et d'obéir.

c. Appliquez le châtiment si le caprice continue. Dites fermement :

— *Tu continues à donner des coups de pieds. Donc nous partons maintenant.*

Calmement, gagnez la porte de la pièce ou du bâtiment. Évitez de croiser le regard de l'enfant. Faites tout ce qui est en votre pouvoir pour cacher votre colère. Allez attendre à un endroit où il puisse vous voir, et faites semblant de vous intéresser à autre chose. Il peut, s'il le désire, vous suivre, mais à une certaine distance pour sauver la face. Quand il est à proximité, dites-lui :

— *Merci !*

Et quittez le bâtiment. Ramenez-le à la maison. Ne lui faites pas de sermon. N'accordez votre attention qu'à des comportements qui vous plaisent.

5. S'il ne vous suit pas ou qu'il est encore petit, emportez-le dans une autre pièce, aux toilettes, dans le hall, à l'extérieur ou dans votre voiture. Il peut continuer à hurler ou à donner des coups de pieds : soyez ferme mais neutre. Mettez-le au piquet.

6. Si l'enfant plus grand refuse de vous suivre, donnez-lui un choix :

— *Soit tu me suis calmement tout de suite, soit je te prive de télévision lors du prochain grand prix. Quel est ton choix ?*

Souvenez-vous : à partir du moment où vous parvenez à assigner des limites à l'inconduite de l'enfant chez vous, vous pourrez également le faire à l'extérieur. Contentez-vous d'avoir un plan d'action en tête avant de partir et ne renoncez jamais à appliquer un châtiment promis. Ne vous en faites pas trop pour les gens qui vous regardent. Consultez la page 194 pour voir comment faire une sortie d'essai.

LE CHAHUT EN VOITURE : CHAMAILLERIES, REFUS DE LA CEINTURE, VOCIFÉRATIONS, ETC.

Est-ce une conduite que j'aime, que je réprouve ou que je trouve intolérable ?

Que je réprouve (frisant l'intolérable).

Que dois-je faire ?

Faire la sourde oreille aux plaintes, petites chamailleries et disputes.

En cas de coups de pied, coups de poing, coups de coude, vociférations ou refus de la ceinture, utilisez la technique de la carotte.

Chaque fois que les enfants sont sages en voiture, bavardent courtoisement ou jouent spontanément aux charades ou autres devinettes, leur en faire compliment.

STRATÉGIE

1. Restez indifférent aux plaintes, n'écoutez pas les chamailleries.

2. Complimentez ceux qui se tiennent bien.

3. Utilisez la technique de la carotte. Contentez-vous de ranger votre véhicule sur la bande d'arrêt d'urgence et de couper le moteur. Observez le silence. Lancez-vous dans la lecture d'une revue, d'une carte routière ou de votre carnet d'adresses. Cherchez à apercevoir des oiseaux. Imaginez des formes fantastiques dans les nuages. Bientôt, votre enfant vous demandera :

— *Repars, Papa.*

— *Quand tu te tiendras tranquille (quand ta ceinture*

sera attachée, quand tu cesseras de boxer ton frère, etc.), alors je repartirai.

Au bout d'une minute de silence ou de bonne tenue, vous pouvez vous laisser fléchir :

— *Merci. Nous pouvons redémarrer maintenant.*

Et vous repartez. Arrêtez-vous aussi souvent que nécessaire. Cette méthode est très efficace pour faire comprendre à vos enfants que vous parlez sérieusement.

4. Tenez compte des moments de calme, de docilité et d'obéissance. Ne vous contentez pas de goûter ce répit, dites clairement aux enfants combien vous appréciez qu'ils se tiennent sages en voiture.

5. Faites preuve de compréhension vis-à-vis des plaintes légitimes :

L'enfant : *Que c'est long d'aller là-bas !*

Le papa : *Eh oui, c'est une bien longue route. Merci de te montrer si patient.*

LES COUPURES DE PAROLE

Est-ce que j'aime ce comportement, est-ce que je le réprouve ou est-ce que je le considère comme intolérable ?
Je le réprouve.

Que dois-je faire ?
Ignorer purement et simplement les coupures de parole de l'enfant.
Louer l'enfant qui utilise l'expression *« Excusez-moi ! »* (première étape) et qui me laisse tenir une conversation sans m'interrompre (deuxième étape).

STRATÉGIE — PREMIÈRE ÉTAPE

1. Annoncez à l'enfant que vous ignorerez ses coupures de parole et tenez-vous à votre décision. Concentrez-vous sur votre conversation. Détournez votre corps, votre regard et votre attention de l'enfant, tournez-les vers un autre interlocuteur. Ne vous laissez pas impressionner si l'enfant force sur les décibels.

2. Apprenez-lui à dire : *« Excusez-moi, s'il vous plaît ! »* Ne vous laissez pas interrompre sans un *« Excusez-moi »*.

3. Accordez-lui tout de suite votre attention quand il dit *« Excusez-moi »* :
— *Oui, Roland, que puis-je faire pour toi ?*

STRATÉGIE — DEUXIÈME ÉTAPE

1. Demandez-lui de ne pas vous interrompre pendant une certaine durée ; commencez avec deux minutes et augmentez jusqu'à quinze :

— *Je vais donner un coup de fil pendant dix minutes. J'enclenche le minuteur. Ne m'interromps qu'en cas d'urgence. Je te dirai quand j'aurai fini mon appel.*

2. Quand le temps est écoulé, allez voir l'enfant et félicitez-le :

— *Merci de ne pas m'avoir interrompu pendant que je téléphonais, tu m'as rendu bien service.*

3. Donnez à votre enfant l'exemple de la politesse. Quand votre enfant joue avec un camarade ou donne un coup de téléphone, ne l'interrompez que si c'est important et commencez vous-même par vous excuser !

4. Motivez-le en utilisant la technique de la carotte :

— *Il me faut parler pendant un moment avec Madame Florès. Si tu nous laisses bavarder sans nous interrompre, je jouerai avec toi après.*

LES CRACHATS

Est-ce un comportement que j'aime, que je réprouve ou que je trouve intolérable ?

Que je trouve intolérable.

Que dois-je faire ?

Sévir si l'enfant crache.

STRATÉGIE

1. Cracher est un acte plus répugnant que dangereux, mais la plupart des parents le considèrent comme intolérable : il est donc légitime de le punir.

2. Donnez un ordre simple :

— *C'est défendu de cracher.*

Pour un enfant de deux ou trois ans, les premières tentations seront sans lendemain si l'on y met fermement le holà :

— *Ne crache pas.*

3. Si l'enfant cesse de cracher, faites-lui compliment :

— *Merci de ne pas cracher.*

4. S'il crache de nouveau, avertissez-le :

— *Si tu craches encore une fois, je te mettrai au piquet.*

5. S'il récidive, mettez-le au piquet :

— *Tu as de nouveau craché, va t'asseoir sur la chaise au piquet pendant cinq minutes.*

Quand ce délai est écoulé, ne lui faites pas de sermon :

— *Merci d'avoir fait ton piquet.*

Chaque fois que l'enfant récidive, allongez le temps de piquet d'une minute.

6. Au lieu du piquet, vous pouvez imaginer une autre punition. Par exemple, si l'enfant joue dehors, obligez-le à venir à l'intérieur pendant quinze minutes. S'il crache sur un ami, autorisez ce dernier à rentrer chez lui. S'il crache sur un frère ou une sœur, donnez à celui-ci le privilège de jouer seul ou dans une autre pièce pendant une demi-heure.

7. Donnez à l'enfant un avertissement de portée générale. Punissez-le chaque fois qu'il crache :

— *Tu sais que c'est défendu de cracher. Chaque fois que tu cracheras, tu auras le piquet* (ou une autre punition).

LES ERGOTAGES

Est-ce un comportement que j'aime, que je réprouve ou que je trouve intolérable ?

Que je réprouve.

Que dois-je faire ?

Faire semblant d'ignorer les arguties de l'enfant.

Décerner un compliment à l'enfant qui fait ce que je lui demande.

STRATÉGIE

1. Restez impassible face aux ergotages. Pour se disputer, il faut être deux : n'entrez pas en lice.

2. Louez l'obéissance de l'enfant, même s'il le fait en maugréant. Dès qu'il commence à obéir, dites-lui : *« Merci »*.

3. Essayez la méthode du disque rayé. Répétez votre ordre jusqu'à ce qu'il obéisse, puis décernez votre compliment. Exemple :

Le papa : *C'est l'heure de donner à manger au chien.*
L'enfant : *Pourquoi moi ?*
Le papa : *C'est l'heure de donner à manger au chien.*
L'enfant : *Ce n'est pas mon chien.*
Le papa : *C'est l'heure de donner à manger au chien.*
L'enfant : *Arrête de répéter ça.* (Remarque : il faiblit déjà…)
Le papa : *C'est l'heure de donner à manger au chien.*
L'enfant : *D'accord !*
Le papa : *Merci.*

4. Si l'enfant continue à polémiquer sans obéir, menacez-le de punition.

Souvenez-vous : les enfants n'exécutent pas les corvées de

bon cœur. Ne vous attendez pas à ce qu'ils vous répondent : *« Oui, Maman chérie que j'aime tant, alléluia, alléluia ! »* avec un grand sourire. Le meilleur résultat que vous puissiez obtenir, c'est qu'ils y aillent en frappant des pieds et en grommelant des monstruosités, juste hors de portée de vos oreilles. C'est là qu'il vous faut reconnaître ce début de bonne volonté avec un simple *« merci ! »*

LES GROS MOTS

Est-ce là un comportement que j'aime, que je réprouve ou que je considère comme intolérable ?

Que je réprouve (presque inadmissible).

Que dois-je faire ?

Faire comme si l'enfant n'avait pas dit de gros mots.

Adresser un compliment à l'enfant qui exprime sa colère sans gros mots.

STRATÉGIE

1. Faire la sourde oreille (oh oui !). Il utilise des gros mots pour vous faire réagir, alors arrêtez de réagir !

2. Accordez votre attention positive aux mots qui vous plaisent. Dans la même conversation, l'enfant utilise peut-être un langage que vous réprouvez entremêlé de mots acceptables. Veillez à tendre une oreille bienveillante aux mots qui vous plaisent. Cela donne un résultat un peu étrange : vous écoutez votre enfant un instant, puis vous faites calmement la sourde oreille l'instant d'après. C'est exactement cela qu'il faut faire. En ignorant une partie de son vocabulaire, vous adressez à l'enfant le message suivant : *« Tes gros mots, je ne les entends pas. »* Il en tirera la conclusion de lui-même : à quoi bon gâcher sa salive ?

3. Laissez-le exprimer sa créativité. Félicitez-le pour l'utilisation des injures du capitaine Haddock, ou de jurons édulcorés tels que : damned, fichtre, peste, bouffre, jarnicoton, pétard, etc. En introduisant la notion d'humour, vous dissipez la colère et remplacez les jurons par des alternatives comiques.

4. Annoncez clairement que vous ferez la sourde oreille aux gros mots et ignorez-les effectivement jusqu'à ce que l'enfant se lasse de ce genre d'expérience. Tous les enfants ont une phase scatologique et aiment faire l'expérience de mots nouveaux. L'indifférence est un outil très efficace, surtout la première fois qu'un enfant tente d'utiliser un mot.

Anne-Hélène : *Mimi-Cracra, elle est caca-boudin !*

La grand-mère : *Tu dis des bêtises, Anne-Hélène, et mes oreilles ne les entendent pas.*

5. Ne prenez pas les écarts de langage de l'enfant pour une injure personnelle. Plus grand, l'enfant utilisera peut-être de gros mots par habitude prise au contact de ses amis. Si vous vous mettez en fureur, les jurons se feront plus fréquents. Donnez un simple rappel amical :

— *Suzon, je préférerais ne pas entendre ce genre de mot à la maison.*

A votre grande surprise, Suzon se contentera peut-être de répondre :

— *D'accord, Papa.*

6. Prononcez vous-même le gros mot. Qu'est-ce qu'un mot ordurier a d'extraordinaire si les parents le prononcent eux aussi ?

Robert (laisse tomber une pile de feuilles) : *Merde !*

Le papa : *Robert, le mot merde me déplaît. Ne l'utilise pas en ma présence.*

7. Si les écarts de langage de l'enfant deviennent inadmissibles, punissez-le. Donnez-lui une amende d'un ou deux francs par juron : naturellement, le même tarif s'applique à tous les membres de la famille utilisant le même mot.

8. Surveillez votre vocabulaire. Vos enfants prennent exemple sur vous.

LA GROSSIÈRETÉ

Est-ce un comportement que j'aime, que je réprouve ou que je considère comme intolérable ?

Que je réprouve (remarques grossières, coupures de parole, impolitesse, omission du *« s'il te plaît »* et du *« merci »*, passer le bras devant quelqu'un pour attraper quelque chose de l'autre côté de la table...).

Que dois-je faire ?

Ignorer les remarques grossières.

Féliciter les enfants quand ils sont polis.

Fixer des limites précises là où la grossièreté devient méchante ou blessante.

STRATÉGIE

1. Félicitez l'enfant pour sa politesse et sa bonne tenue. Chaque fois que l'enfant dit *« s'il vous plaît »*, *« merci »* ou *« excusez-moi »*, accordez-lui votre attention positive.

2. Ignorez les demandes malpolies. Ne passez pas le beurre à celui qui dit :

— *Je veux le beurre.*

Continuez à parler quand l'enfant vous coupe la parole. Ignorez-le.

3. Servez d'exemple à vos enfants quant à la courtoisie et aux bonnes manières. Soyez aimable. Ne coupez pas la parole. Commencez dès le plus jeune âge à traiter votre enfant de façon courtoise, et il suivra votre exemple.

4. Soyez clair et précis sur ce que vous attendez de l'enfant :

— *Quand tu appelles quelqu'un au téléphone, tu dois te présenter. Tu dois dire : « Allô ! Xavier Martin à l'appareil ! Pourrais-je parler à Lucile ? »*

5. Utilisez des ordres clairs pour assigner des limites aux excès de l'enfant.

— *Quand tu as besoin de sel à table, ne passe pas ton bras devant ton voisin pour le saisir.*

— *S'il te faut absolument couper la parole, dis au moins : « Excusez-moi ! »*

6. Soyez réaliste : votre enfant aura besoin d'un ou deux rappels.

7. Quand votre enfant modifie son comportement dans le sens que vous souhaitez, complimentez-le.

8. Tâchez de savoir comment il se comporte chez ses amis. Vous aurez peut-être de bonnes surprises : souvent, l'enfant se tient mieux à l'extérieur que chez lui, surtout si ses parents ne sont pas là. Faites-lui part des compliments que l'on vous a faits à son sujet et de la fierté qu'il vous cause.

9. Si sa grossièreté à votre égard tend à se faire cruelle, ne mollissez pas : persistez à l'ignorer.

10. Si la grossièreté vis-à-vis d'un autre enfant tend à se faire cruelle, référez-vous à la stratégie décrite dans le plan de bataille contre les insultes.

L'INSOLENCE

Est-ce un comportement que j'aime, que je réprouve ou que je trouve intolérable ?

Que je réprouve.

Que dois-je faire ?

Ignorer l'enfant qui répond ou se montre insolent.
Féliciter l'enfant qui fait ce que je lui demande.

STRATÉGIE

1. Ignorez l'enfant qui vous répond :

La maman : *C'est l'heure de donner à manger à ton chien.*

L'enfant : *Pourquoi moi ?*

La maman (se retourne vers sa cuisinière) : *Il y a une autre boîte de « Oua-oua » dans l'armoire du fond si tu en as besoin.*

2. Soyez à l'affût du moindre signe d'obéissance et attribuez à l'enfant les compliments correspondants :

La maman : *C'est l'heure de donner à manger à ton chien.*

L'enfant (soupire bruyamment mais se dirige vers la cuisine) : *Ce n'est pas MON chien.*

La maman (ignore le soupir et la réponse) : *Merci, Sylvie.*

3. Annoncez votre intention d'ignorer les réponses insolentes :

— *Sylvie, je n'écoute pas quand tu réponds comme ça. J'attends de toi que tu donnes à manger à ce chien tout de suite.*

4. Menacez l'enfant de punition. Supposons que vous permettiez à votre enfant de regarder la télévision pendant une demi-heure tous les jours, quand il rentre de l'école. Vous lui rappelez de vider la poubelle (qui déborde) car c'est lui qui est chargé de le faire :

Le papa : *Frank, va vider la poubelle, s'il te plaît.*
Frank : *Pourquoi moi ?*
Le papa : *Ne te montre pas insolent, Frank. Je te demande d'aller vider la poubelle.*
Frank : *Pourquoi ? Tu ne peux pas le faire toi-même ?*
Le papa : *Si tu continues comme ça, je t'enlève cinq minutes de télévision ce soir.*
Frank : *Continuer comment ?*
Le papa : *Je t'enlève cinq minutes.*
Frank : *Comme tu veux ! Merci au passage !*
Le papa : *Je t'enlève dix minutes. Va vider la poubelle maintenant, s'il te plaît.*
Frank : *Ce n'est pas juste. Personne n'est occupé maintenant.*
Le papa : *Je t'enlève quinze minutes.*
Frank : *D'accord, d'accord. Je vais vider cette foutue poubelle.* (Et il y va en frappant des pieds.)
Le papa : *Merci, Frank.*
Le papa fait semblant d'ignorer le frappement de pieds, histoire de laisser Frank sauver la face.

5. Si votre enfant a des récriminations, obligez-le à obéir avant d'en discuter. Dites-lui par exemple :
— *Quand tu auras vidé la poubelle, nous pourrons discuter de ton problème !*

Souvenez-vous ! Jusqu'à l'âge de cinq ans environ, tous les enfants répondent à leurs parents :
— *Et qui c'est qui l'a dit ?*
— *Pourquoi moi ?*
— *Et pourquoi pas toi ?*
— *Et qu'est-ce que ça fait ?*
etc.

En ignorant complètement ce genre de questions, vous en ôtez tout l'intérêt (votre colère et la punition de l'enfant). Vous en entendrez de moins en moins, l'enfant deviendra moins insolent. L'indifférence marche très bien dans le cas de l'insolence, puisque l'enfant insolent cherche justement à vous faire réagir. Cessez de réagir et l'enfant perdra sa motivation à être insolent.

LES INSULTES

Est-ce un comportement que j'aime, que je réprouve ou que je trouve intolérable ?

Que je réprouve (quand l'enfant m'injurie, qu'il utilise des noms d'oiseaux ou que des enfants échangent des insultes).

Que je trouve intolérable (injures blessantes, cruelles ou racistes ; grands enfants raillant un plus jeune).

Que dois-je faire ?

Ignorer les taquineries et les injures puériles d'un jeune enfant.

Assigner des limites strictes aux taquineries prenant un tour cruel ou excessif.

Féliciter l'enfant s'il exprime sa colère avec des mots choisis.

STRATÉGIE

1. Ignorez l'enfant qui vous taquine ou vous injurie pour rire.

Si l'enfant vous insulte, n'y prêtez aucune attention : il s'en lassera rapidement.

2. Apprenez à votre enfant et à ses camarades de jeu à ignorer ce genre de situation en leur apprenant : *« Le chien aboie et la caravane passe. »*

3. Soyez à l'affût des occasions que saisit votre enfant d'exprimer sa colère par des mots ; félicitez-le immédiatement.

STRATÉGIE AUTORITAIRE

1. Donnez un ordre simple :
— *Je ne t'autorise pas à injurier les gens.*
— *Cesse d'exaspérer ton frère.*
— *Pas d'insultes.*

2. Si l'enfant s'amende, félicitez-le :
— *Je ne t'ai plus entendu proférer d'injures, je te félicite.*

3. S'il recommence à proférer des insultes, donnez-lui un avertissement :
— *Si je t'entends encore dire une injure, tu iras au piquet.*

4. S'il récidive, mettez-le au piquet :
— *C'est une injure ! Va t'asseoir sur cette chaise pendant huit minutes* (à supposer qu'il s'agisse d'un enfant de huit ans).

5. Quand le temps de piquet est fini, ne faites pas de sermon (voir plus haut le paragraphe sur les conseils de famille). Faites lever l'enfant de sa chaise en le remerciant :
— *Merci d'avoir fait ton piquet !*

6. Si l'enfant recommence à taquiner méchamment ou à proférer des insultes, mettez-le au piquet en ajoutant une minute à chaque fois.

7. Au lieu du piquet, vous pouvez lui donner d'autres punitions : s'il est en train de jouer dehors, obligez l'enfant à rentrer pendant quinze minutes. S'il insulte un ami, permettez à celui-ci de rentrer chez lui. S'il injurie son frère, donnez à ce dernier le privilège de jouer seul pendant une demi-heure. Si, pendant la journée, l'enfant a proféré des insultes, supprimez-lui quinze minutes de télévision. Mettez-le à l'amende : un franc par injure.

8. Donnez-lui un avertissement valable en permanence. Après avoir vécu successivement toutes les étapes ci-dessus, annoncez-lui que, chaque fois qu'il proférera une injure, il sera automatiquement puni :

— *Tu sais que c'est défendu d'insulter qui que ce soit. Chaque fois que tu proféreras une insulte contre ton frère, tu iras au piquet.*

LES JÉRÉMIADES

Est-ce un comportement que j'aime, qui me déplaît ou que je trouve intolérable ?
Qui me déplaît.

Que dois-je faire ?
Ignorer l'enfant qui geint.
Louer l'enfant qui s'exprime d'une voix normale.

STRATÉGIE

1. Ignorez les jérémiades, tournez votre attention vers autre chose : la petite aiguille de votre montre ou d'une horloge, un exercice de calcul mental, les tables de multiplication, que sais-je encore ?

2. Attendez que l'enfant reprenne sa voix normale et faites-lui compliment :
— *J'aime bien quand tu parles comme ça : tu as vraiment l'air d'un grand.*

3. Annoncez à l'enfant que vous ignorerez les jérémiades :
— *Je ne t'écoute pas pleurnicher. Quand tu parleras normalement, je te répondrai.*

4. Rappelez-lui gentiment qu'il se lance sur une fausse piste :
— *C'est curieux, mes oreilles n'entendent plus rien.*

5. Félicitez l'enfant dès qu'il fait un petit effort dans le bon sens, dès qu'il essaie de s'exprimer d'une voix normale :
— *Merci, Anne-Hélène, je constate que tu fais tous tes efforts pour parler comme une grande fille.*

6. Assurez-vous la collaboration de tous les adultes de la maisonnée. Y en a-t-il qui accordent leur attention à l'enfant qui geint ? Cèdent-ils à l'enfant s'il ronchonne, ou montrent-ils de l'humeur ? Travaillez en équipe, ignorez comme un seul homme !

7. Mettez au point un tableau d'honneur. Découpez l'emploi du temps de l'enfant en tranches suffisamment fines, ou en actions suffisamment précises. Fignolez particulièrement la phase préparatoire afin de garantir le succès. Complimentez l'enfant chaque fois qu'il parle d'une voix normale. Il est inutile que le tableau d'honneur couvre l'emploi du temps de l'enfant du matin au soir. Vous vous apercevrez que, si vous insistez sur la tranche la plus critique de la journée et félicitez l'enfant pour chacun de ses succès, les améliorations obtenues s'étendront rapidement à l'ensemble de la journée.

8. Écoutez-vous parler ! Avez-vous tendance à vous lamenter de temps en temps ? Il se peut que votre enfant suive simplement votre exemple.

Souvenez-vous : vers l'âge de trois ans, la plupart des enfants ont tendance à ronchonner. Si vous persistez à les ignorer et que vous les félicitez chaque fois qu'ils utilisent une voix normale, ils cesseront de chouiner. Ne cédez pas !

LE LAISSER-ALLER

Est-ce un comportement que j'aime, que je réprouve ou que je trouve intolérable ?

Que je réprouve (laisser la maison jonchée de vêtements et de jouets).

Que je trouve intolérable (au bout d'un certain temps…).

Que dois-je faire ?

Ignorer les traînasseries, les jérémiades, les efforts minimum, etc.

Féliciter l'enfant pour la moindre tentative de ranger, de ramasser quelques objets.

Si la situation devient intolérable, faire preuve d'autorité.

STRATÉGIE

1. Louez tous les efforts, si petits soient-ils :

— *Bravo d'avoir mis tes vêtements dans le panier à linge sale ce matin !*

— *Merci d'avoir fait ton lit !*

— *Tu tiens ta chambre bien en ordre cette semaine, c'est magnifique !*

2. Pas de harcèlement ! Je n'irai pas jusqu'à dire que votre indifférence guérira votre enfant de son laisser-aller, mais je sais bel et bien que le fait d'être harcelé par ses parents n'a jamais rendu un enfant plus ordonné.

3. Divisez le rangement de sa chambre en tâches morcelées, à sa portée (voir chapitre 7). Accordez des compliments pour les petits efforts. Je connais une maman qui récompense chaque tâche en laissant l'enfant regarder un dessin animé, dont elle a toute une collection. Quand le dessin animé est fini, elle assigne à l'enfant la tâche suivante.

4. La technique de la carotte est l'une des plus efficaces pour inciter mes enfants à ranger leur chambre ; la fois où ils ont fait le plus beau travail, c'est quand je leur ai annoncé :

— *Si vous finissez de nettoyer votre chambre (y compris le débarras) avant onze heures, nous irons cet après-midi chercher le petit chat.*

Je ne vous suggère pas d'adopter un nouveau chaton tous les jours, mais je n'avais jamais vu mes enfants ranger leur chambre aussi vite ni aussi bien.

5. Autre méthode pour utiliser la technique de la carotte :
L'enfant : *Est-ce que je peux sortir jouer ?*
La maman : *Oui, dès que tu auras fini de ramasser tes jouets.*

6. Mettez au point un tableau d'honneur comportant les actions suivantes :
— faire son lit avant de partir à l'école ;
— mettre ses vêtements au sale chaque matin et chaque soir ;
— ne pas laisser de jouets par terre ;
— laisser le dessus du pupitre en ordre ;
— accrocher cartable et anorak à leur place.

7. En désespoir de cause, menacez de sévir.

8. Soyez pour vos enfants un modèle de propreté. L'enfant tend toujours à vous imiter.

LES MENSONGES

Est-ce un comportement que j'aime, que je réprouve ou que je trouve intolérable ?

Que je réprouve (à l'occasion...) et que je trouve intolérable (en cas de récidive).

Que dois-je faire ?

Féliciter l'enfant quand il dit la vérité.

Le punir s'il prend l'habitude de mentir.

STRATÉGIE — PRÉVENTION

1. Cherchez ce que cache le mensonge. Pourquoi votre enfant ment-il ? En général, les enfants d'âge scolaire mentent pour échapper à une punition. En vous montrant d'une sévérité rigoureuse avec l'enfant qui ment, vous ne l'aiderez pas à s'amender : vous le rendrez plus sournois.

2. Ne menez pas d'interrogatoire. Si vous savez pertinemment que votre enfant a fait une bêtise, ne vous obstinez pas à le questionner :

— *Nous avons les moyens de te faire parler !*

Déclarez-lui plutôt :

— *Je sais que tu as cassé la cruche ; maintenant, je veux que tu m'aides à réparer les dégâts.*

3. Si votre enfant s'obstine à clamer son innocence, évitez la polémique. Pour sauver la face, votre enfant risque de s'enfermer dans une défense aveugle, au point peut-être de finir par y croire lui-même ! Dites-lui quelque chose comme ceci :

— *Peut-être que ce n'est pas toi qui as cassé la cruche. Si je me suis trompée, je te prie de me pardonner. Cependant, va tout de suite me chercher le balai et la pelle à poussière.*

4. Récompensez-le pour son intégrité. La plupart des enfants disent — de temps en temps — la vérité à leurs parents, même si elle est pénible :

— *Tu vas peut-être te mettre en colère, Maman, mais j'ai renversé le lait.*

Ne laissez pas passer cette occasion de le féliciter pour son honnêteté :

— *Merci de me prévenir que tu as fait une bêtise. Je sais que tu craignais de te faire attraper, mais je te félicite de t'être montré honnête.*

Si vous adoptez cette attitude dès le plus jeune âge de l'enfant, vous aurez moins de chance d'en faire un petit menteur ; il sait qu'après tout, ses parents sont capables d'affronter la vérité, quelle qu'elle soit.

5. Souvenez-vous : l'enfant de maternelle affabule souvent, il prend ses désirs pour la réalité. Répondez à ses affabulations en lui disant :

— *C'est vrai, ce serait bien si c'était comme ça...*

6. Apprenez-lui l'importance de la vérité. Certains contes comme *Pinocchio* ou l'histoire du garçon qui criait au loup décrivent de façon très frappante les conséquences de certains mensonges.

7. Donnez l'exemple de l'intégrité. Reconnaissez vos torts. Évitez les exagérations outrancières. Ne mentez pas devant votre enfant et ne le faites pas mentir en votre nom. Par exemple, si le téléphone sonne et que vous n'avez pas l'intention de parler avec qui que ce soit, n'exigez pas que l'enfant réponde :

— *Elle n'est pas à la maison !*

8. Félicitez l'enfant pour toutes ses actions dignes de louanges ; parfois, le mensonge n'est qu'une tentative pour attirer votre attention. Relisez la deuxième étape de ce livre. Assurez-vous que vous prodiguez votre attention à votre enfant de toutes sortes de manières.

9. Mettez au point un tableau d'honneur incluant de nombreuses actions que votre enfant fait à la perfection, plus l'action suivante : « il a dit la vérité aujourd'hui ».

10. Assignez fermement des bornes aux mensonges de l'enfant en lui donnant des ordres, en le menaçant et en le punissant (perte du droit de regarder la télévision, piquet, etc.). Ne lui faites pas de sermon. Restez calme. Répétez les ordres si nécessaire.

LES MORSURES

Est-ce un comportement que j'aime, que je réprouve ou que je trouve intolérable ?

Que je trouve intolérable (mordre un autre enfant).

Que je réprouve (un bébé qui me mord).

Que dois-je faire ?

Infliger un châtiment si l'enfant en mord un autre (ou si un enfant plus grand mord qui que ce soit).

Ignorer les mordillements du nourrisson.

Complimenter l'enfant s'il exprime sa colère au moyen de mots, s'il vient me demander mon aide ou s'il joue gentiment avec les autres enfants.

STRATÉGIE

1. Donnez un ordre simple, clair et bref :

— *Tu n'as pas le droit de mordre.*

Pour un très jeune enfant de deux ou trois ans, ses premières expériences de morsure peuvent être arrêtées par un ordre catégorique : *« Pas de morsure ! »*

Une fois la règle définie, vous pouvez donner un avertissement à valeur permanente, du genre :

— *Si tu mords ton camarade, je le raccompagne chez lui.*

2. Si l'enfant cesse de mordre, adressez-lui un compliment :

— *Maintenant, vous jouez gentiment tous les deux, Joseph et toi. Merci.*

— *Je suis contente de voir que vous vous prêtez gentiment le camion. C'est très bien.*

3. S'il mord de nouveau, menacez-le du piquet :

— Si tu mords encore, tu iras au piquet.

4. S'il récidive, mettez-le au piquet (une minute par année d'âge) :

— *Tu as mordu Joseph. Va t'asseoir au piquet pendant trois minutes.*

5. Quand le piquet est fini, ne lui infligez pas de sermon :

— *Ton piquet est fini. Tu peux retourner jouer avec Joseph.*

6. Chaque fois qu'il mord, remettez-le au piquet, un peu plus longtemps à chaque fois.

7. Vous pouvez aussi lui infliger d'autres punitions que le piquet, par exemple : s'il mord un de ses frères et sœurs, obligez-le à jouer seul pendant quinze minutes ; s'il mord, privez-le d'un quart d'heure de télévision.

8. Autant que possible, feignez l'indifférence si votre bébé vous mord : ça l'amuse beaucoup de vous voir bondir en hurlant *« Aïe ! »*. Si vous avez l'air furieux, c'est une autre forme de récompense. Ne réagissez pas du tout.

9. Ne le mordez pas, même pour le punir ! Il en conclurait que, une fois qu'on est grand, on a la permission de mordre.

LES ONGLES RONGÉS

Est-ce une conduite que j'aime, que je réprouve ou que je considère comme intolérable ?

Que je réprouve.

Que dois-je faire ?

Ignorer l'enfant quand il se ronge les ongles.

Féliciter l'enfant quand il garde ses doigts hors de la bouche.

STRATÉGIE

1. Ignorez l'enfant quand il se ronge les ongles. Si vous le harcelez sur ce point, vous risquez d'aggraver sa mauvaise habitude, qui est sans doute une simple manifestation d'anxiété.

2. Louez les efforts de l'enfant pour ne pas mordiller ses ongles, pour garder les mains hors de sa bouche, pour les laisser posées sur ses genoux, doigts croisés, etc.

3. Gardez-lui des ongles courts. Bien souvent, l'enfant se ronge les ongles pour en égaliser la courbure, en éliminer les dentelures.

4. Demandez à l'enfant s'il aimerait perdre cette habitude. Proposez-lui de lui adresser un rappel non verbal (par exemple un signe de la main) quand vous le voyez en train de se ronger les ongles. Parfois, l'enfant se ronge les ongles inconsciemment et un simple rappel amical, sans esprit critique, pourra l'aider à changer d'habitude. N'omettez pas de le féliciter s'il cesse. Observez-le pendant quelques minutes consécutives, et félicitez-le s'il garde les mains hors de sa bouche.

5. Encouragez-le à s'adonner à une activité qui lui occupe les mains pendant qu'il regarde la télévision, ou dans toutes les circonstances où il a tendance à se ronger les ongles. Proposez-lui de se tourner les pouces, de serrer ses poings, de dessiner ou de gribouiller, de faire du crochet, de battre des cartes à jouer, d'égrener un chapelet ou les perles d'un collier.

6. Mettez au point un tableau d'honneur. Choisissez une phase de la journée au cours de laquelle vous avez observé que l'enfant se ronge les ongles. Divisez cette période en brèves tranches de temps. Félicitez l'enfant et récompensez-le avec une étoile ou un autocollant sur le tableau s'il « garde ses mains loin de sa figure ». Souvenez-vous : ignorez les échecs ; adressez-lui vos rappels sur un ton neutre et félicitez-le pour ses succès. Au fur et à mesure que votre enfant est capable de rester plus longtemps sans se ronger les ongles, allongez les tranches prévues au tableau d'honneur.

LES PLAINTES

Est-ce un comportement que j'apprécie, que je réprouve ou décrète intolérable ?

Que je réprouve.

Que dois-je faire ?

Ignorer l'enfant qui se plaint d'une voix geignarde.

Faire compliment à l'enfant s'il exprime ses griefs d'une voix normale.

Remarque : Ce n'est pas tant le sujet de plainte de l'enfant mais plutôt la façon dont il se plaint. Bien sûr, nous voulons que nos enfants sachent exprimer leurs sentiments, mais d'une façon pas trop exaspérante.

Nous ne voulons pas : *Beurk ! Ce machin vert est dégueulasse. Enlève-le-moi de l'assiette.*

Nous préférons : *Juste un morceau du truc vert, s'il te plaît.*

STRATÉGIE

1. Complimentez l'enfant pour sa politesse, sa patience et sa compréhension :

— *Merci de ne pas t'être plaint à propos des flageolets chez Grand-mère. Je sais que tu ne les aimes pas, tu as le droit de les laisser dans ton assiette si tu n'en veux pas.*

2. Manifestez votre sympathie quand l'enfant se plaint de façon non larmoyante :

L'enfant : *Il fait tellement chaud ici, Maman !*

La maman : *C'est vrai, il fait torride. Laisse-moi t'aider à remonter tes manches.*

3. Annoncez votre intention d'ignorer les jérémiades. Expliquez à l'enfant comment il doit se conduire au lieu de geindre :

— *Mes oreilles sont sourdes à ce genre de ronchonnement. Si tu as un problème, exprime-toi d'une voix normale.*

4. Ne cédez pas ou les plaintes continueront ; restez indifférent et elles cesseront.

5. Écoutez-vous parler : est-ce que vous geignez vous-même ? Qu'enseignez-vous à l'enfant par votre exemple ? Soyez vigilant : l'enfant prend modèle sur vous. Comportez-vous donc d'une façon que vous voudriez voir imitée par l'enfant.

LES TRAÎNASSERIES

Est-ce une conduite que j'aime, que je réprouve ou que je considère comme intolérable ?
Que je réprouve.

Que dois-je faire ?
Ignorer l'enfant quand il traîne, qu'il rêvasse, qu'il est distrait ou qu'il est « paresseux » ; féliciter l'enfant quand il persévère dans l'effort, va jusqu'au bout d'une tâche et achève quelque chose.

STRATÉGIE

1. Ignorez les traînasseries (oui, je dis bien « ignorez-les » ! A quoi bon houspiller l'enfant ?). Pour appliquer cette méthode, vous avez besoin de réserves de patience presque infinies. Il semble que beaucoup de garçonnets et de fillettes passent par une phase de traînasserie qui peut durer des années. Ne montrez pas votre exaspération ou l'enfant va traîner plus encore.

2. Félicitez l'enfant quand il s'accroche à une tâche, qu'il achève quelque chose, qu'il persévère dans l'effort (quitte à exagérer un peu vos louanges) :
— *Bravo d'avoir fini tes devoirs !*
— *Eh bien, tu as vite fait pour mettre la table !*
— *Tu t'es habillé aussi vite que l'éclair.*

3. Évitez les injures ou les catégories simplistes. L'enfant risquerait de se prendre définitivement pour un « lambin » ou un « traînard » ; prenez-en votre parti : c'est peut-être un trait permanent de sa personnalité.

4. Mettez au point un tableau d'honneur pour les phases critiques de la journée. Mentionnez sur le tableau chaque action et l'heure à laquelle elle doit être achevée. Ne manquez pas d'y inclure certaines actions que l'enfant accomplit régulièrement, tenez secrètement des comptes pendant la phase préparatoire. Complimentez copieusement l'enfant quand il achève telle ou telle action à l'heure.

5. Faites-en un jeu. Chronométrez-le. Mettez-le au défi de « faire plus vite qu'hier ». Proposez-lui d'établir un nouveau « record personnel » ; puis louez-le pour sa vitesse.

6. Mettez de la musique enlevée. Pour nettoyer leur chambre, mes enfants écoutent leur morceau favori. Au bout de quelques minutes, ils chantent, dansent et travaillent à toute vitesse.

7. Laissez-vous surprendre par vos enfants. La plupart des enfants adorent ça. Vous pouvez faire suggérer l'idée par un ou une aîné(e) :

— *Dis-moi, si on faisait une surprise à Maman ? Habillons-nous à toute vitesse et cachons-nous sous les couvertures. Quand elle viendra voir dans la chambre comment ça avance, qu'est-ce qu'elle va être surprise !*

Le seul problème avec ce jeu, c'est que l'enfant aura envie d'y jouer tous les matins et que, si vous le surprenez avant qu'il ne soit prêt, il sera très déçu. Pour des enfants âgés de moins de six ans, vous pouvez toujours dire :

— *Je vais retourner à la cuisine et oublier. Tu peux toujours me faire ta surprise.*

CONCLUSION

Si vous avez été élevé dans une famille où l'on ne vous donnait jamais de compliment, vous risquez d'éprouver de grandes difficultés à féliciter votre enfant. Vos parents jugeaient peut-être inutile de vous adresser des compliments ; ils considéraient que votre bonne conduite était quelque chose de normal et que vous deviez exécuter corvées et devoirs sans murmurer. Du coup, il vous vient de penser :

— Comme j'ai grandi ainsi, pourquoi est-ce qu'il me faut, moi, complimenter mon enfant ?

Il se peut que vous soyez parvenu à devenir adulte quand même, mais souvenez-vous de ce que vous éprouviez pendant votre enfance. N'auriez-vous pas aimé faire l'objet de plus d'attention positive ? N'auriez-vous pas aimé recevoir davantage d'encouragements ? N'auriez-vous pas préféré que vos parents témoignent d'un peu plus d'intérêt pour votre travail scolaire, vos idées ou vos sentiments ? N'auriez-vous pas aimé que vos parents vous remercient quand vous faisiez preuve de docilité ou de serviabilité, quand vous réussissiez quelque chose ou que, tout simplement, vous faisiez de votre mieux ? La seule façon de guider le comportement de votre enfant, c'est de lui accorder, quand il le mérite, votre attention positive.

On entend beaucoup parler de l'estime de soi en pédagogie ; c'est un fait acquis : si l'enfant a une image positive de lui-même, cela l'aidera à devenir un adulte mûr et sain. Une éducation pleine d'encouragements et de compliments de la part des parents aide l'enfant à se convaincre que c'est bien de s'aimer soi-même, d'avoir de l'estime pour ce que l'on est.

Si, en dépit de vos efforts, vous êtes incapable d'adresser à vos enfants des messages positifs, si vous ne parvenez pas à supporter tapage et caprices, si tous vos efforts de maîtrise de vous-même aboutissent à des hurlements et à des fessées, il vous faut envisager de demander l'aide de spécialistes : assistants sociaux, psychiatres, psychologues ou conseillers conjugaux.

En revanche, si vous parvenez à appliquer les méthodes décrites dans cet ouvrage et que le comportement de votre enfant ne s'améliore pas, faites-le tester par un pédopsychiatre ou un psychologue.

INDEX

IMPRIMÉ EN FRANCE PAR BRODARD ET TAUPIN
6042 L-5 - Usine de La Flèche (Sarthe), le 31-03-1995.

pour le compte des
Nouvelles Editions Marabout
D.L. avril 1995/0099/121
ISBN 2-501-02170-3